墨香财经学术文库

"十二五"辽宁省重点图书出版规划项目

U0674911

Demand Constraint and China's

Industrial Development Study on the Perspective of Globalization

全球化视角下的需求约束与我国产业发展研究

孙军 ◎ 著

东北财经大学出版社
Dongbei University of Finance & Economics Press

大连

图书在版编目（CIP）数据

全球化视角下的需求约束与我国产业发展研究 / 孙军著. —大连：东北财经大学出版社，2016.9
（墨香财经学术文库）
ISBN 978-7-5654-2318-5

Ⅰ．全… Ⅱ．孙… Ⅲ．中国经济–经济发展–研究 Ⅳ．F124

中国版本图书馆CIP数据核字（2016）第116093号

东北财经大学出版社出版发行

　　大连市黑石礁尖山街217号　邮政编码　116025

　　网　　址：http：//www．dufep．cn

　　读者信箱：dufep @ dufe．edu．cn

大连图腾彩色印刷有限公司印刷

幅面尺寸：170mm×240mm　字数：178千字　印张：12.25　插页：1
2016年9月第1版　　2016年9月第1次印刷
责任编辑：孙晓梅　周　欢　　责任校对：孟鑫　赵楠　王瑜
封面设计：冀贵收　　　　　　　版式设计：钟福建
定价：38.00元

前言

改革开放 30 多年以来，我国经济保持了持续高速的增长，支撑经济高速增长的传统动力表现为：从需求角度看，主要依靠投资和出口带动；从供给角度看，主要依靠劳动力、资本、自然资源等要素投入规模扩张带动；从产业角度看，主要依靠工业带动；从地区结构看，主要依靠东部地区带动。不过，自从 2008 年国际金融危机以来，我国经济增长的动力机制发生了根本性的改变，2014 年，《十八大以来习近平同志关于经济工作的重要论述》指出，我国已经处在了"三期叠加"期，即经济增长速度换挡期、结构调整阵痛期和前期刺激政策消化期，这主要表现为资源环境约束不断加剧、人口红利处于上限、产品成本不断上升、外部需求萎缩、深层次结构性矛盾凸显、"中等收入陷阱"隐现、发展动力机制急需转换等。面对国际、国内的诸多挑战，2016 年，习近平总书记提出了"供给侧结构性改革"的概念，即"在适度扩大总需求"的同时，着力加强"供给侧结构性改革"，着力"提高供给体系质量和效率，增强经济持续增长动力"。

目前，我国正在通过"三去一降一补"推动供给侧改革，很多专家学者认为只要把供给侧搞好了，经济转型自然就成功了。不过，我们必须清醒地认识到，供给和需求就像是一面镜子的正反两面，是相辅相成的，供给侧改革的顺利推进离不开需求侧尤其是国内消费对其的拉动和支撑，需求侧和供给侧需相互配合才能最终驱动产业结构升级。基于此，本书从需求视角展开，探讨需求侧变化与供给侧演变之间的关系问题，几个研究的重点问题分别是：①需求约束在一国或地区技术创新和产业升级中的作用是什么？从需求角度如何刻画一国或地区的产业竞争和经济增长，它是否能够比从供给角度进行刻画更切合实际？②外需是否引致了我国产业结构演变？外需主导下的我国产业演变具有什么样的特点？这是否有利于我国经济的持续增长？③针对不同的市场结构，产业政策应该如何实施才能够保证企业的研发行为。在具有不同结构的市场中，产业政策应该如何实施才能够保证企业创新？④在全球价值链背景下，对于市场设置什么样的进入门槛，才能够让从事于新兴产业的企业真正地去创新，而不是在低端模仿复制？⑤市场整合扩大了产品需求空间，这对于制造业产业和生产性服务业的空间演化产生了怎样的影响？⑥在内需驱动的背景下我国的技术进步和产业结构应该如何演变，才能够避免发达国家曾经面临的环境污染？⑦自改革开放以来，伴随着半城镇化规模的持续增加，我国经济也出现了快速增长的势头，但这种增长是以半城镇化为背景的。这里需要思考的是，半城镇化使我国的需求发生了什么样的变化？如何推动了我国经济增长和产业结构演变？风险在哪里？

本书运用理论分析、数学建模以及计量经济学等方法从需求视角对开放条件下中国产业的发展进行了理论和实证分析。具体说来，本书主要的创新点和成果如下：

第一，本书提出了一个内含需求因素的产业演化的理论模型，分析了在需求约束条件下一国的技术创新和产业演化状况，并且用数值模拟形式对其进行了刻画，发现从需求角度出发来研究经济增长和产业演化比从供给角度来对此进行分析更符合对现实的描述。另外，本书对在开放条件下后发国家如何能够实现其技术创新和产业升级进行了理论分析，并且指出了国内高层次的需求空间和政府的扶持鼓励政策对于后发国家产业升级的重要性。

第二，本书首先从理论上对贸易结构与产业结构之间的关系进行了理论分析，然后利用单位根检验、协整检验以及格兰杰因果检验分析了我国外贸出口结构与产业结构之间的关系。本书证明了20世纪80年代末期，尤其是90年代以来，我国出口结构主导着产业结构变化的一般化判断。这一分析结果揭示了我国产业结构的调整越来越偏离国内需求结构的趋势，即我国产业结构演变是建立在国外需求的基础之上。另外，研究还发现，这种模式下我国产业发展的质量并不高。这些都预示着我国的国内经济运行潜伏着巨大的波动性风险，而世界性经济危机的出现使得我国产业调整已迫在眉睫。

第三，投入的高风险也使得企业对从事研发活动持非常谨慎的态度。由于这些情形的存在，政府可以运用产业组织政策激励企业的研发活动。不过，目前的产业组织政策有弥补企业研发不足的理论可能性，但实际效果并不一定令人满意。本书认为，这其中的一个重要原因在于政府产业政策的实施或多或少地忽视了产业市场结构特征。实际上，识别产业市场结构特征对制定和实施恰当的产业组织政策极为重要，相同的产业组织政策作用于具有不同产业市场结构特征的产业时，其效果会是截然不同的。本书通过构建一般均衡模型并结合市场结构特征对产业组织政策的适用性进行了理论探讨。研究发现，不稳定状态下企业自身的研发水平不可能达到最优，即使在均衡状态下，也不一定是最优的。因此，本书认为，对于过度竞争和产能过剩的产业，需要政府出台规制性的产业政策，逐步抬高进入成本，鼓励兼并；对于垄断性的产业，需要政府出台竞争性的产业政策，鼓励竞争；对于新兴产业，需要政府出台扶持性的产业组织政策，加大产业扶持力度。不过需要注意的是，为了激励企业研发，无论哪种产业组织政策，均不应对市场竞争机制造成干扰和破坏。

第四，本书构建企业异质性模型，从进入门槛视角探讨我国战略性新兴产业发展过程中所面临的一系列问题。研究发现，各级政府盲目地出台扶持政策会推动战略性新兴产业快速扩张，但会降低行业进入门槛，导致产业低端化；本土市场空间变化不会影响低端企业的进入门槛，但市场扩张会降低具有自主创新能力企业的进入门槛，激励企业研发，市场缩小会提高自主创新企业的进入门槛，进而导致创新能力不足。对模型的拓展分析认为，"干中学效应"与"母市场效应"相结合，能够提升本土企业的技术水平。不过为了实现此目的，各级政府要限制一般加工环节的进入门槛，重点扶持具有自主创新能力的企业，各种优惠政策、措施向研发端倾斜，通过各种手段扩展内部市场空间。

第五，虽然大量研究表明生产性服务业有助于提升制造业效率，但这些研究基本上无法就产业升级、转移等重要问题得出有价值的结论。这里面存在的一个主要问题在于，它们基本上都忽视了两者在空间上的互动机制和市场一体化的作用。本书研究的贡献在于，将空间因素融入其中，从理论层面上探讨了生产性服务业与制造业在空间上的互动关系，指出了区域市场一体化的意义，并以区域经济一体化做得比较成功的长江三角洲经济区（在本书中，统一简称为"长三角"）为例对理论进行了实证检验。基于上述分析，本书指出了区域振兴规划、高铁建设以及中西部地区崛起的战略意义。

第六，不论在理论还是现实层面上都没有充分证据表明环境污染程度在全球有降低的迹象。本书通过理论分析指出，发达国家的技术进步考虑更多的是自身利润状况而不是进步本身给社会带来的影响，这导致了环境污染的持续增加，而末端治理模式使得发达国家企业或者将污染部分向后发国家转移或者进行技术创新，但新技术又会导致新的污染产生。当越来越多的后发国家进入工业化进程时，末端治理下的技术进步将变得不可持续。由此，后发国家对污染的治理更应该采取顶端治理模式，本书给出了需求约束背景下我国顶端治理下的技术进步模式及其政策支撑体系。

第七，半城镇化是与我国经济快速增长相伴随的一个重要特征。本书理论分析表明，劳动力流入能够推动经济增长，当流入达到一定规模时，流入地经济会跃上一个新的台阶；当经济增长放缓时，半城镇化下的劳动力将会出现回流，当回流到达一定程度时，会带来流出地经济的急剧下滑。基于我国1980—2013年数据的实证分析表明，工业化是我国半城镇化的触发条件，服务业才是半城镇化成长的主要驱动因素。不过，由于半城镇化下流入的劳动力消费不足，这导致服务业发展水平低、层次不高，服务业的良性自循环功能并不完善。当工业开始外移时，服务业将会出现下滑，进而劳动力外流，这可能会引致逆城镇化和"中等收入陷阱"等风险的出现。

由于作者学识、时间有限，再加上新事物和新现象层出不穷，因此，本书未能将对一些问题的研究纳入其中，而这些对我国供给侧改革的深入有着重要的意义，这些也将是作者下一步研究的重点。具体说来：一是在需求不足的约束下，压缩产能和库存并不可能提升经济增长率，另外，压缩产能和库存会促使一些企业倒闭，从而引发企业坏账表面化等问题，结果可能是银行的资产负债表收缩，杠杆断裂，经济扩张速度下降。在这种情况下，通过提振需求对冲去产能和去库存仍是一个重要选择，但是去产能、去库存和企业的经营体制机制变革等问题如何相互配合进行，这其中的方式方法有哪些，仍需进一步研究。二是随着老百姓消费能力的不断增强，其对产品层次和质量的需求越来越高，我们看到的现实情况却是，国人大量购买外国货，例如奶粉、马桶盖、电饭锅等，甚至去医院体检这样的事情也越来越依赖于国外，那么怎样疏导需求侧，让其与供给侧改革相配合，推动我国产业转型升级便成为了一个重要的研究问题。三是虽然我国目前大量行业产能过剩和库存过多，但是，我们仍然能够看到有购买欲望但是买不起的人群仍然非常之多，因此，如何通过抑制政府收入过快增长、缩小收入分配差距，进而改善目前我国产业过剩、库存过多局面仍是一个重要话题。四是虽然现在商品市场的分割现象逐步消失，区域商品市场的对外封锁、地区关键资源的禁止外运等现象已经很少见，但我国统一市场的建设中要素市场分割的问题还很严重，无论在劳动力市场还是在资金市场、土地市场等，都存在着动机更为复杂、手段更为隐蔽的市场分割现象，如何通过统一市场建设驱动产业转型升级仍将是一个研究和思考的重点。五是互联网正在席卷一切，互联网平台越做越大，网络效应日益突出。我国"十三五"规划也提出了"共享"发展的理念，那么如何充分利用互联网平台对于需求聚焦的优势，发展共享经济，推动企业转型升级也将是下一步研究的一个重点问题。

本书的写作过程与我在博士阶段的学习是分不开的。当我在南京大学经济学院读博士的时候，我的导师梁东黎老师就鼓励我从需求层面对我国产业结构和升级问题进行探索。在梁老师的指引下，我通过钻研经典名著和相关经典文章夯实学术基础，在看似枯燥的学术研究中带着兴趣不断前进。博士毕业后，我也一直没有间断对该问题的思考，并发表了一系列成果。

本书的写作过程离不开各位朋友和同事的帮助。在写作的过程中，东南大学的高彦彦师弟在数据处理和建模等方面给了我很大的帮助；在专著写作过程中，经济与贸易系的各位领导和老师在很大程度上分担了我这个系主任应该做的工作，感谢商学院院长宣昌勇教授、翟任祥老师、张纪凤老师、黄萍老师、仇燕苹老师、张家茂老师以及其他同事。另外，在专著整理过程中得到了研究生潘培培的热情帮助。在此，一并表示感谢。

最后，衷心感谢所有帮助过、关心过和支持我的亲人们和朋友们！

孙军

2016 年 4 月

目录

1 导论

1.1 问题的提出

Kaldor（1961，1963）提出了经济增长的几个著名经验规律：人均产出增长率大体保持常数；资本产出比是常数；国民收入总值中的资本收入份额和劳动收入份额大体保持不变；资本的真实回报率（真实利率）亦为常数。这些经验规律我们称为"卡尔多事实"。经济增长理论（Solow，1957；Cass，1965；Lucas，1988；Romer，1986，1990）成功地解释了卡尔多事实，它们却忽略了经济扩展中要素在各部门间的重新配置以及各部门产值份额的变化，它们描述了当代发达工业国家的长期经济增长现象，但并不反映其产业发展状况，因而很难对后发国家的工业化所呈现的产业结构变动现象做出合理的解释。

经济增长的结构主义观点认为，经济增长是生产结构转变的一个方面，生产结构的变化应适应需求结构变化；资本和劳动从生产率较低的部门向生产率较高的部门转移能够加速经济增长。从20世纪50年代开始，库兹涅茨（Kuznets，1955）、罗斯托（Rostow，1960）、钱纳里（Chenery，1986）和帕西内蒂（Pasinetti，1981）等经济学家开始关注产业结构问题。麦迪森在更长的时间序列与范围内，也证明了结构变化是增长的一个重要的独立源泉（Angus Maddison，1996）。

国内学者中，周振华（1995）通过对经济结构变化的分析，说明经济结构尤其是产业结构是决定经济增长的一个重要因素，并提出了经济结构是决定经济增长的重要因素的三个理论依据。在市场经济的分析背景下，刘伟（1995）认为在一定程度上可以把经济增长的实质归结为工业化，进而理解为结构演进。郭克莎（1999）认为，影响我国经济增长的主要是结构问题而不是总量问题，郭克莎（2001）运用结构主义的理论和方法，分析了结构变动与经济发展的一系列问题，指出我国产业结构问题对经济增长的影响主要有两个方面：一是瓶颈制约或结构偏差制约；二是结构转变或结构升级缓慢的制约。刘志彪等（2002）用 Moore 结构变化值指标验证了支撑中国经济高速增长的产业结构快速变动这一动因，同时也揭示了钱纳里"经济增长是生产结构转变的一个方面"这一规律性结论在中国的适用性。纪玉山等（2006）利用 1978—2003 年的时间序列数据进行实证分析，分析结果表明了配第-克拉克定律的正确性，但否认了库兹涅茨的收入决定论，指出至少我国产业结构的演进是经济增长的原因而不是相反。

另外一个需要从产业角度入手来解释的重要现象存在于贸易和经济增长之间。对于贸易与经济增长之间的关系有着两种完全相反的观点，D.H.Robertson 在 20 世纪 30 年代首先提出了"贸易是经济增长的发动机"这个命题。1959 年，纳克斯（R.Nurkse）对这一命题进行了充实和发展。然而，普雷维什（R. Prebisch，1950）和辛格（H. Singer，1950）考察了发展中国家不断恶化的贸易条件，他们认为外围国不仅分享不到中心国技术进步的成果，反而连自己技术进步成果也几乎被中心国掠夺殆尽。巴格瓦蒂（Bhagwati，1958）证明了在极端条件下，由于贸易条件的严重恶化，经济增长的结果反而可能使经济福利恶化。克拉维斯（I.Krovis，1970）提出了国际贸易不是经济增长的"发动机"，而只是经济增长的"侍女"（handmaiden）的著名见解。

为什么人们对于国际贸易的认识会有这么大的差别呢？本书认为，对于这个问题的认识我们更应该从国际贸易对一国产业演变的影响中去寻找答案，在这方面也有着相关的研究。譬如，为了阻止发达国家与发展中国家"中心-外围"结构的形成，罗森斯坦-罗丹（Rosenstein-Rodan，1943）在二元经济结构模型的基础上，提出了大推进式工业化模式。普雷维什（1950）和辛格（1950）建议发展中国家必须实行进口替代的工业化战略。最近 20 多年来，运用全球价值链（global value chain，GVC）理论对本地企业技术进步和产业升级研究逐渐成为主流。刘志彪及其合作者 2005 年以后的一系列文章从全球价值链或者产业升级角度对包括我国在内的发展中国家企业出口性质进行了重新认识。譬如，刘志彪（2007）认为，全球价值链尽管使得当地企业更容易包含在其中，强化了产品和工艺升级的能力，但是它也会阻碍功能的进一步升级，尤其是在设计、品牌和营销方面的进步，会与全球买者的核心能力之间发生冲突。

20 世纪 70 年代末，我国对高度集中的计划经济体制进行改革，放弃了重工业优先发展战略，改革前城乡居民严重短缺的工业消费品为工业化初期的市场提供了重要的保障，我国以乡镇企业为代表的农村大规模工业化在改革之初也开始逐渐起步。然而，20 世纪 90 年代中期，"供不应求"的市场状况悄然而去，而"供过于求"的市场状况扑面而来。洪银兴（1997、1998）、韩文秀（1998）认为，随着过剩经济的出现，我国买方市场逐渐成为市场经济常态。市场需求对于经济增长的约束变得越来越突出。

在凯恩斯（1936）看来，有效需求不足并不仅仅是一个需求问题，而是指均衡产出水平低于潜在产出水平，并由此导致了生产能力和劳动力的大量闲置。在这种情况下，生产和就业的增长是由需求决定的。从这一点上看，有效需求不足确实最能概括中国宏观经济的基本特征（王俭贵，2004）。

在这种背景下，我国实行了出口导向型发展战略。1994 年是我国改革开放历史上的一个重要里程碑。人民币汇率制度并轨、外贸体制改革、经常项目开放等一系列外汇、外贸、金融、投资制度改革，已经取得了巨大的成效。在这个过程中我国经济出现了一系列新特征，其中之一就是我国的贸易收支扭转了改革开放之前长期的增长性贸易逆差格局（如图 1-1 所示），形成了持续的增长性顺差，虽然 2008 年金融危机之后有所调整，但是趋势却并没有发生根本性改变。

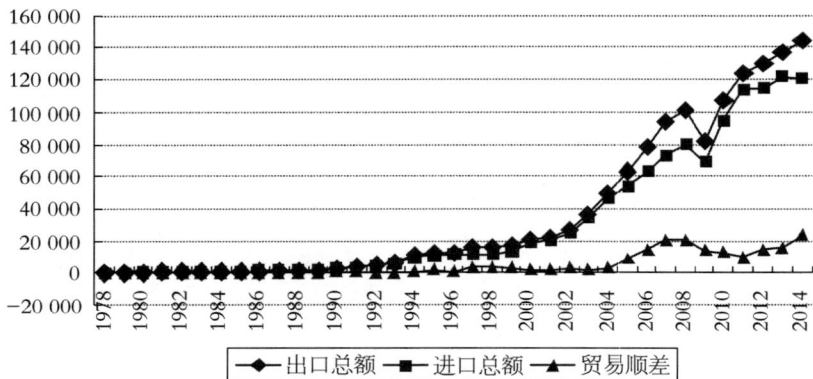

图 1-1　1978—2014 年我国的货物贸易情况（单位：亿元）

数据来源　根据《中国统计年鉴》相关年份数据计算整理。

1994 年以来长期单边持续大规模的贸易顺差既说明了我国对外开放程度的不断提高和中国经济日益融入全球经济的现实，也能够反映出我国内部买方市场对经济增长所形成的制约。为了对我国的经济增长现状及未来有一个更清楚的了解，我们必须对在这种背景下我国产业结构演变的现实进行分析。

在图 1-2 到图 1-9 中，我们不仅列出了中国三次产业结构演变的状况，而且也罗列了韩国、日本、英国的情况，由此可以发现，包括中国在内的这些国家都经历了农业产值份额下降、工业和服务业份额上升；农业部门就业比重下降，工业和服务业部门就业比重上升的过程，这种现象被称之为"库兹涅茨事实"。

另外，我们可以发现，英日韩中四国产业结构变化的过程中，工业或服务业产值份额超过农业产值份额的时间都早于工业或服务业就业比重超过农业就业比重的时间，我们前者称为产业结构变化第一次超越，后者称为产业结构变化第二次超越。

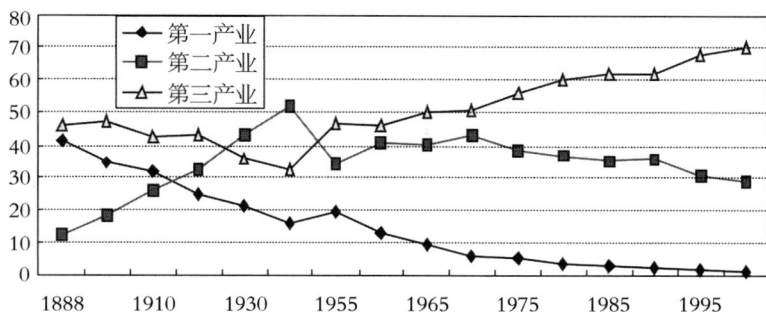

图 1-2　1888—2000 年日本 GDP 部门结构变化

数据来源　麦迪森.世界经济千年史［M］.伍晓鹰，等，译.北京：北京大学出版社，2003；南亮进.日本的经济发展［M］.景文学，等，译.北京：中国农业出版社，1999.

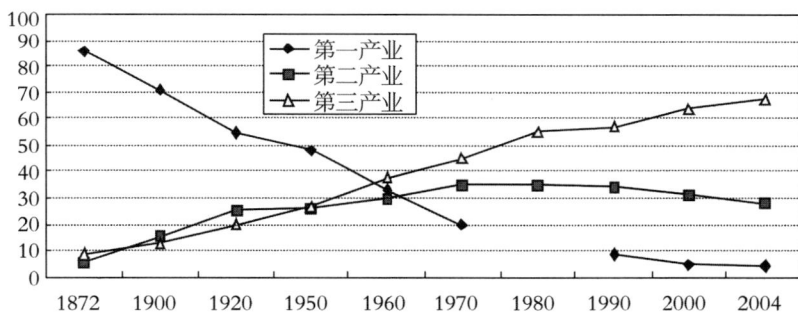

图 1-3　1872—2004 年日本就业部门结构变化

数据来源　麦迪森.世界经济千年史［M］.伍晓鹰，等，译.北京：北京大学出版社，2003；南亮进.日本的经济发展［M］.景文学，等，译.北京：中国农业出版社，1999.

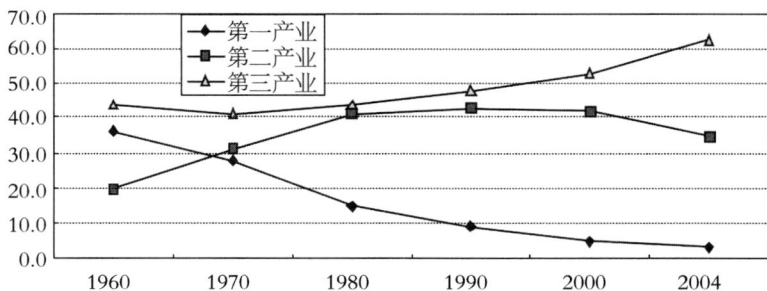

图 1-4　1960—2004 年韩国 GDP 部门结构变化

数据来源　韩国政府网站；世界银行的《世界发展指数（2007）》。

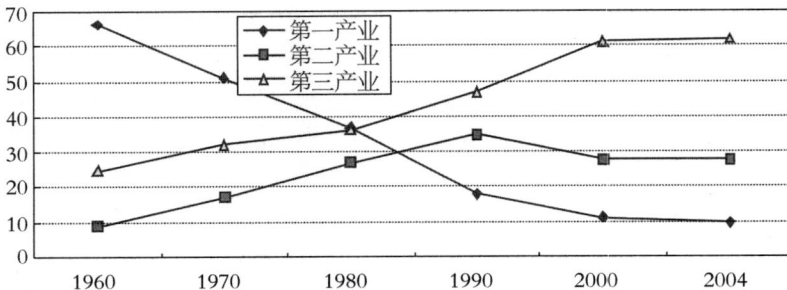

图 1-5　1960—2004 年韩国就业部门结构变化

数据来源　韩国政府网站；世界银行的《世界发展指数(2007)》。

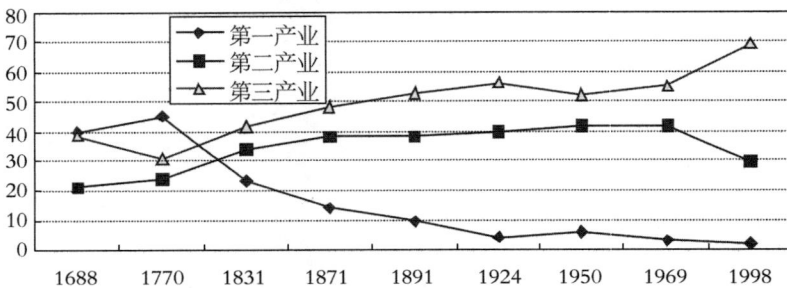

图 1-6　1688—1998 年英国 GDP 部门结构变化

数据来源　麦迪森.世界经济千年史 [M]. 伍晓鹰，等，译.北京：北京大学出版社，2003；库兹涅茨.各国的经济增长 [M]. 常勋，译.北京：商务印书馆，2011.

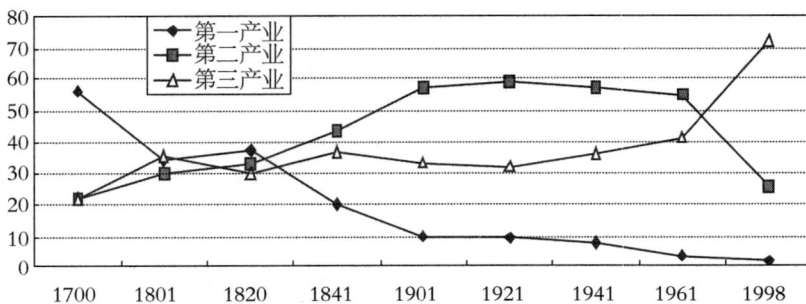

图 1-7　1700—1998 年英国就业部门结构变化

数据来源　麦迪森.世界经济千年史 [M]. 伍晓鹰，等，译.北京：北京大学出版社，2003；库兹涅茨.各国的经济增长 [M]. 常勋，译.北京：商务印书馆，2011.

　　由韩国、日本以及英国部门结构变化中可以看出，他们的第二次超越相对于第一次超越来讲所用的时间并不是很长，由于数据不够详细，

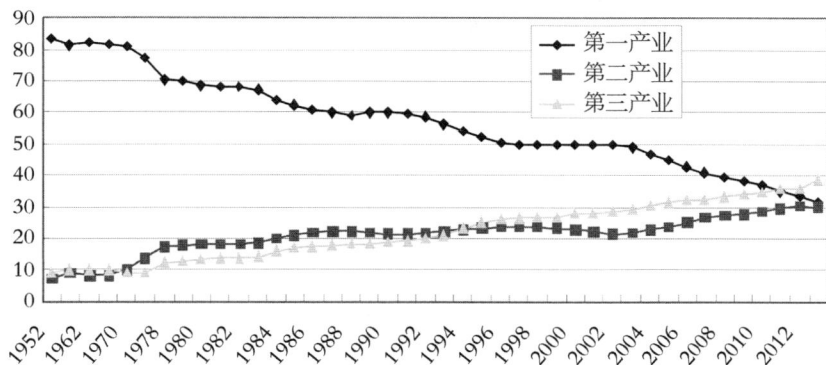

图 1-8　1952—2014 年我国就业部门结构变化

数据来源　《中国统计年鉴》相关各期和《新中国 50 年统计资料汇编》。

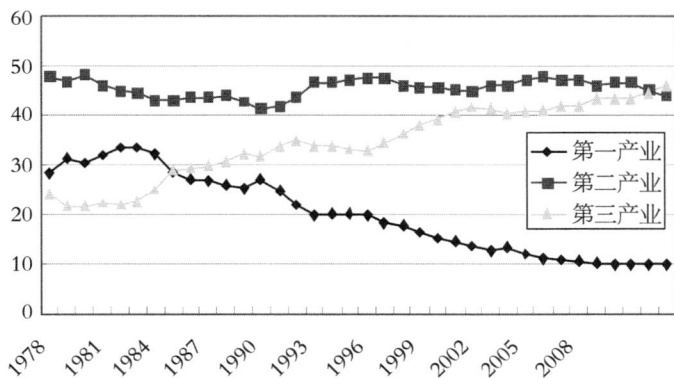

图 1-9　1952—2014 年我国 GDP 部门结构变化

数据来源　《中国统计年鉴》相关各期和《新中国 50 年统计资料汇编》。

我们只能粗略判断英国两次超越的时间间隔约 10 年，日本约 30 年，韩国约 10 年。如果把产业结构变化经过两次超越作为工业化的标志，那么英国、日本、韩国三国先后完成了工业化，其产业结构变化的规律也都符合"库兹涅茨事实"所蕴含的内容。现在我们来看一下中国，对于第一次超越来讲，工业 GDP 真正超过农业是在 1970 年，服务业 GDP 真正超过农业是在 1985 年。而至今为止，不管是工业还是服务业，其就业部门结构至今仍然没有实现第二次超越，而这距第一次超越的时间间隔已经接近 40 年的时间。如果我们将就业的部门结构看做是劳动者的收入构成比重的话，那么，毫无疑问，劳动者的需求结构与 GDP 的产出结构之间并不完全相匹配，而且差距很大。GDP 部门结构变化的速度远远超过就业部门变化必然使得农业中大量的劳动者消费能力不足，并不具备消费工业中的生产品以及各种服务品的能力。①这里的原因当然可能有统计数据的问题。但是，毫无疑问的一点是，这与我国内需不足以及出口导向战略的实施有着极其重要的关联。

经济增长的结构主义观点告诉我们，产业是一国经济增长的基础。在内需不足的情况下，我国经济的增长在很大程度上是建立在外部需求（出口）的基础上，进而产业的发展也会在一定程度上脱离国内需求的实际而存在。

具有世界性质的金融危机的出现使得包括国际贸易在内的全球经济活动遭受到了巨大的冲击，在这种背景下，对我国以前的发展模式进行重新审视就变得尤为重要和迫切。关于我国产业演变的问题，国内很多学者更多的是从供给角度进行展开的，在出口迅速扩张时期他们并不认为需求是一个短边，他们忽视了目前这种出口（外需）模式的不可持续性。另外，目前在供给侧改革的大背景下，看似只要企业在技术水平和生产率方面不断提升即可，但是供需是事物的对立面，技术水平和生产率的提升只有在与需求相适应时才能够实现。因此，本书认为，从需求角度对产业发展、企业升级问题进行研究具有重要意义。

1.2　需求的意义：从比较优势到竞争优势转换的缺环

波特（Michael Porter，1990）提出的竞争优势理论广泛地影响了世界各国的理论研究和政策制定，但也助推了比较优势与竞争优势关系的不休争论。比较优势有其纯正的优势传统，一度被萨缪尔森誉为经济学选美的桂冠；而波特（2002）则认为，与其对立范畴竞争优势相比，这一在国际竞争分析中长期处于主流和控制地位的理论已经过时——在全球化背景下，只有竞争优势才是一个国家财富的源泉。波特否定了比较

---

① 17 世纪英国经济学家威廉·配第发现，在大部分人口从事制造业和商业的荷兰，其人均国民收入要比当时欧洲大陆其他国家高得多。就英国不同产业来看，其人均水平也不同，从事农业的农民收入与从事运输的船员比较，后者竟是前者的 4 倍。这种产业间相对收入的差距，会导致劳动力从低收入产业向高收入产业移动。他在其著作《政治算术》中指出："制造业的收益比农业多得多，而商业的收益又比制造业多得多。"

优势对国家产业成功的作用，认为一个国家产业成功的关键是相对世界上最强的竞争对手具有竞争优势，因此他认为，提出竞争优势理论的目的就是为了取代比较优势理论。与波特不同，洪银兴（1997）[①]没有否定比较优势的作用，但同时认为单纯的比较优势不一定能成为竞争优势，因此注重质量和效益的对外贸易不能停留在现有的比较优势上，需要将这种比较优势转化为竞争优势。樊纲（1998）指出，对竞争问题应一分为二来看，比较优势丢不得，因为竞争力这个概念包含好几样东西：效率、科技、比较优势。林毅夫等（2003）[②]认为，只有充分发挥经济的比较优势，国家（或地区）才有可能创造和维持自己的产业竞争优势。

这些争论都强调了一国建立竞争优势的重要性，但是对于一国如何从比较优势转化为竞争优势却有着不同的看法。那么，对于中国这样的发展中国家，从比较优势转换为竞争优势的条件又是什么呢？关于这一点，洪银兴（1997）指出，发展中国家通过出口劳动密集或者自然资源密集型产品虽然在一段时间中使得发展中国家得到了一些贸易利益，但它强化了自己低水平的产业结构，同发达国家的经济差距也进一步扩大了，由此会进入"比较利益陷阱"。由此，洪银兴认为，发展中国家应该实施战略贸易政策，政府一方面扶持高科技研究，另一方面鼓励企业接受高校和科研机构的高科技研究成果并使之产业化。而林毅夫（2003）则认为，为了形成高层次的竞争优势，国家首先应该做的就是充分地利用自己当前的比较优势，倡导由政府来推动竞争优势的提升，以进行经济上的"赶超"，会导致寻租、低效率等问题丛生，和竞争优势理论所希望达到的结果正好相反，赶超型的跳跃式经济发展战略最终难以达到自己的目的。

通过对文献的简要回顾，提出以下两个问题：第一，如果一国的比较优势不能自动地转化为竞争优势，那么政府在什么时间、什么情况下介入来推动其转化？第二，如果比较优势能够自动转化为竞争优势，那

---

① 洪银兴. 从比较优势到竞争优势——兼论国际贸易的比较利益理论的缺陷 [J]. 经济研究，1997（6）：20-28.
② 林毅夫，李永军. 比较优势、竞争优势与发展中国家的经济发展 [J]. 管理世界，2003（7）：21-28.

么为什么现实中仍然有很多国家陷入了"比较优势陷阱"？这两个问题是上述文献所没有能够真正回答的。本书认为，它们涉及比较优势与竞争优势之间的缺环——需求因素，这一环的缺位使我们难以回答从比较优势到竞争优势的转换问题，这也构成了下面研究的重点。

1.2.1 比较优势与竞争优势的各自缺陷

（1）比较优势的缺陷

比较优势理论一直作为解释和说明国际贸易存在和贸易利益的主导理论而发挥作用，从亚当·斯密的绝对优势论到李嘉图的比较优势论，再到赫克歇尔-俄林的要素禀赋论以及克鲁格曼等人的新贸易理论，比较优势理论形成了一个比较完整的体系。传统的比较优势理论虽然对于现实有着极强的解释能力，但是它仍然有着其内在的缺陷。

首先，比较优势更多的是从生产供给角度来分析问题的，而忽视了从需求角度来对问题进行把握。实际上，以劳动或自然资源为比较优势的产业，因其所需技术简单、资源容易获得和产品差异小，所以进入壁垒低，更加容易引起过量的投入和产出，造成产品的过剩供给。与此同时，劳动密集型产品又属于需求收入弹性和需求价格弹性都很低的产品，国际市场对这类产品的需求扩张速度十分缓慢，市场容量有限，外部市场的限制使得一国比较优势的发挥大打折扣。在供给过剩和需求不足的情况下，出口产品的价格就会下跌，从而出口这些产品的国家就会面临一种极为不利的贸易条件，以至于从竞争角度看，根据比较优势进行的产业分工对出口却未必有利。1958年，巴格瓦蒂在扬弃传统国际贸易理论基础上，创造性地分析了国际贸易所带来的负面效果。他认为，一国国际贸易的不断发展，有可能使出口增长的收益与贸易条件恶化的损失相抵消，甚至使后继损失超过初始的出口收益，从而导致该国经济出现贫困化增长现象，其理论被拉美等地区发展中国家的实践所证明。

其次，在国际分工的背景下，全球价值链越来越成为跨国公司谋求利润的方式，被发达国家企业所控制。在这种背景下，越来越多的发展中国家依赖于其劳动力等方面的要素禀赋优势加入了经济发展的热潮中，以代工者的身份参与全球价值链中的低端制造型环节的生产，而发达国家凭借自己在技术创新能力和人力资本积累方面的先发优势所发展出的高级要素禀赋比较优势，以主导者身份占据且控制着全球价值链中的核心技术研发、品牌或销售终端等高端环节，形成了发达国家主导的全球价值链的分工格局（张杰、刘志彪，2007）。更多的研究表明，发展中国家会被锁定在全球价值链的低端。由此，一方面，发展中国家所能够生产的产品属于低端产品，而且其所面临的需求约束也会变得越来越大；另一方面，全球价值链的体系完全在发达国家的掌控之中，发展中国家要想从比较优势自动转化为竞争优势并不现实。

（2）竞争优势的缺陷

波特指出一个国家的竞争力必须依靠产业的创新与升级的能力，对于产业国际竞争力问题，他提出了著名的"钻石模型"（如图 1-10 所示），试图通过竞争优势诠释一国产业的国际竞争力水平。他认为，产业竞争力是由要素条件，需求条件，相关支撑产业，企业的战略、结构和竞争等四个主要因素，以及机会和政府等两个辅助因素共同作用而形成的。"钻石模型"构筑了全新的竞争力研究体系，其中，前四个因素是产业竞争力的主要影响因素，构成"钻石模型"的主体框架，它们彼此相互影响，形成一个整体，共同决定产业竞争力水平的高低。

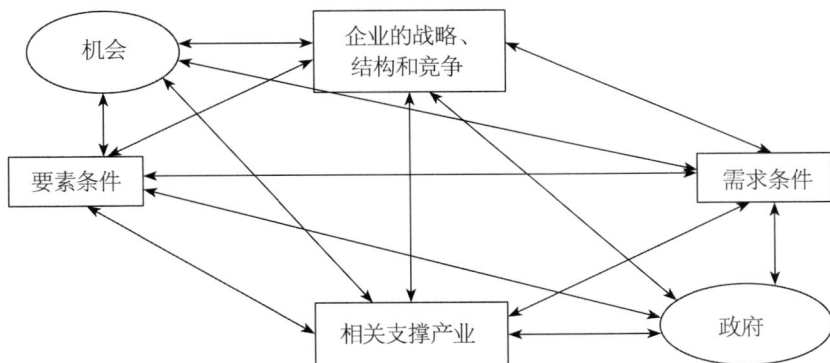

图 1-10 波特的"钻石模型"

波特指出，一国要根据"钻石模型"的四个因素构建强大而持久的竞争优势，其关键在于放弃传统上对初级产品和要素资源的依赖思想，发展高级生产要素和专业型生产要素。但是，在此过程中，波特仅仅指出了竞争优势应该具备的条件，却忽视了一国如何才能够形成竞争优势所具备的四个因素。譬如，第一，波特并没有说明一个国家怎样才能够放弃对初级产品和要素禀赋的依赖而转向发展高级要素和专业型生产要素。如果一个国家能够人为地通过对高级要素的培养而进入高级阶段，那么这并不能解释为什么拉美国家会陷入贫困化增长陷阱，为什么许多发展中国家培养的高级人力资本无法发挥其作用而最终流向发达国家，出现"脑力外流"的现象。因此，高级生产要素的形成并不是一个外生性的变量。第二，也是本书认为最重要的一点，波特（2002）将"内行而挑剔的客户"列为需求因素中最为重要的一个内容，认为这些客户的存在能够推动企业进行持续的创新活动，但他没有解释为什么有些国家的客户会"内行而挑剔"，有些国家的客户则不会。实际上，他似乎更多地将该因素看做一个纯属外生性的条件。按照这样的逻辑，就不能得出一个发展中国家能够从比较优势转化为竞争优势，因为对于一些处于发展中的国家而言，由于其收入水平有限，人们的需求更多的是满足自身的生存需求，不可能或者很少出现"内行而挑剔的客户"。如果竞争优势少了这一环节，即使高级生产要素等已经具备，那么竞争优势最终也不会出现。

1.2.2 需求因素的作用及其与竞争优势其他三个方面的关系

从以上对比较优势和竞争优势缺陷的分析中可以看出，如果一个国家仅仅利用比较优势，那么比较优势最终并不必然转化为竞争优势；而一个国家如果缺少了"内行而挑剔的客户"，那么它并不能实现从对初级产品和要素资源依赖到对高级生产要素和专业型生产要素依赖的转变，以及建立起相应的竞争优势。因此，一国竞争优势的建立并非静态的而是一个动态的过程，而其中最关键的一环在于需求因素。

根据波特对竞争优势的分析可以看出，他对"钻石模型"中四个因素的论述是彼此平行的，也就是说他并不认为某一个因素比另一个更为重要。但受禀赋等条件的影响，发展中国家建立竞争优势的各要素之间必然存在着层次和轻重之分，而不是呈现并列、平行的关系。实际上，只有需求因素的确立才能够为竞争优势其他三个方面的建立提供可能性，下面对需求因素与其他三个因素之间的关系进行分别论述。

第一，生产要素方面。波特将生产要素划分为基本要素和高级要素。基本要素主要指自然资源、地理位置、气候、非熟练或半熟练的劳动力等；高级要素指通过长期投资或培育才能创造出来的要素，如现代化的基础设施、高级专业人才、高新技术等。越是高级的产业越需要专业生产要素，而拥有专业生产要素的产业也会产生更加具有竞争优势。然而，在一国的需求层次和容量没有达到一定高度的前提下，一国的高级生产要素即使能够被培育起来，也只可能成为"无源之水、无根之木"。因为与高级生产要素相对应的是高层次的国内需求，如果国内并没有相应的需求，没有所谓的"内行而挑剔的客户"，那么一国的高级生产要素就没有其存在的基础。瑞典经济学家林德（Linder，1961）认为，一国将出口那些国内需求规模大，或如他所声称的"具有代表性的需求"的产品。这种结果之所以会出现，是因为厂商往往对国内机会更敏感，发明、创新也往往由国内市场没能解决的问题所激发。当只有这种情况出现的时候，国内的高级生产要素才能够被调动起来，也就是说，只有"内行而挑剔的客户"出现，一国所建立起来的高级生产要素才能够真正地地发挥作用。从这种发展特点中可以看出国内需求因素对生产要素培育方面严重的制约作用。考虑到这种约束，那么违背比较优势而培养出来的高级生产要素要么面临着流失、要么就会被弃之不用，而造成极大浪费。因此，高级生产要素的形成是与一个国家的需求因素是紧密相连的。

第二，企业的战略、结构和竞争。波特认为，激烈的同业竞争能够给企业提供足够的压力，来增加对高级生产要素的投资和研究发展活动的投资，从而有利于推进企业的创新活动。竞争优势的确立很重要的一个方面就是企业必须具备规模优势，一个企业只有具备了规模优势，才能够降低成本，获得收益。但是，在国内需求层次低和容量非常少的情况下，国内需求状况并不能够为国内企业提供足够的市场空间，使之发挥规模优势，降低成本。在这种情况下，就根本谈不上同行业之间的竞争，如果一个企业在国内没有能够建立竞争优势，就更不可能在国际市场上进行竞争。如果政府采取扶持措施，那么最终会形成政府不断补贴状态下的垄断，在这种情况下，企业所热衷的是通过寻租活动来保护垄断，而不是积极创新，最终该行业也不可能出现波特意义上的激烈竞争。相反，林毅夫（2003，2010，2013）指出，发展中国家经济发展的历史已经表明，违背比较优势进行赶超的结果必然是失败的。因此，在一国比较优势还没有完全用尽，高层次需求还不具备的条件下，同行业之间的竞争根本就不会出现。

第三，相关支撑产业。相关支撑产业是考察主导产业是否具有竞争力的一个很重要的标志。相关支撑产业不仅为主导产业提供最低价格的投入品，产生外部规模效应；而且，更重要的是与主导产业的地理距离邻近，能够形成良性互动的"聚集经济"。然而通过对企业的战略、结构和竞争的分析发现，在一国国内需求能力不足的情况下，该国具有竞争优势的主导产业并不会出现，即使在政府的扶持下能够出现也并不具有竞争力。在主导产业并不具有竞争力的情况下，相关支撑产业也就并不会真正的出现。相反，如果政府选择某个违背自己比较优势的产业或者在某个产业选择违背经济比较优势的生产技术，它就需要利用财政资金直接在该行业建立国有企业或者通过向民间资本提供足够的补贴来吸引民间资本进入该行业。由于国家能够建立的或是能够得到国家补贴的企业总是有限，这样，赶超企业就不可能有足够的相关和支持性企业来支持（林毅夫，2003，2010）。因此，相关支撑产业出现的前提是主导产业已经形成一定的竞争优势，在此情况下，支撑产业的进入才能够获利，才能够将"聚集经济"做大做强。而这些都是以国内需求能力做背景的，而在一国不具备需求能力的前提下，需求能力的提高只能依靠比较优势来获取。

1.2.3 从比较优势到竞争优势的转换困境

通过以上分析可以发现，一国竞争优势建立的最重要的内生条件便是具备"内行而挑剔的客户"。而"内行而挑剔的客户"的出现必须以一国经济的持续增长为背景的，对于落后的发展中国家来说，经济的持续增长必须要以比较优势为原则。因此，本书认为，对于发展中国家来说，应用比较优势的目的更多得是为了提高一国经济的总量和人均收入水平，而随着人均收入水平的逐步提高，人们的需求层次将会提高、需求容量将会扩大①，这正为"内行而挑剔的客户"的出现提供了条件，也为竞争优势的建立提供了最重要的一个条件。

因此，从比较优势转化为竞争优势的最重要条件便是收入水平的提高以及需求容量和层次的扩大。只有这样，"内行而挑剔的客户"才能够真正地出现。需求因素的出现为竞争优势的建立提供了最重要的一环。只有这一环出现，一个国家才能够放弃对初级产品和要素禀赋的依赖而转向发展高级要素和专业型生产要素，一国政府才能够真正地发挥其应有的作用，而不至于违背比较优势原则。也就是说，如果可以将波特"钻石模型"中除了需求因素以外的其他三个因素看做是外生性变量，通过政府努力可以获得，那么需求因素无论如何也是一个内生性变量，而并不是通过人们的一厢情愿就能够实现的，它必须建立在比较优势的基础上。需求因素的特点恰恰形成了比较优势和竞争优势之间的一个重要缺环，进而形成比较优势向竞争优势转换所面临的主要困境。

从这个角度来说，比较优势的作用在于提高发展中国家的需求能力，只有需求能力的提高、"内行而挑剔的客户"出现，政府的各种政策行为才真正具备了"用武之地"，否则政府的政策和行为将违背比较优势原则，结果使经济增长反而受到抑制。从这个意义上，我们就容易回答本书在第一部分所提出的第一个问题，即只有一国"内行而挑剔的客户"出现时，也就是其需求能力已经达到一定高度，政府构建竞争优势的政策行为才能够起到应有的作用，否则将会违背比较优势原则而损伤根本，适得其反。

1.3　概念界定

关于产业发展（industrial development）这个概念，在我国使用的很广泛，但是，在这些大量的研究中，真正对产业发展这一概念进行思

---

①　关于收入水平与需求结构之间的关系可以参见：LINDER S B.An Essay on Trade and Transformation［M］. New York：Wiley，1961.

考，从而提出产业发展这一概念的核心要点或给出一个定义的却很少见。虽然如此，仍有一些对产业发展的专门思考。

苏东水（2000）[①]认为，"产业发展与经济发展相类似，是一个从低级向高级不断演进、具有内在逻辑，不以人民意志为转移的客观历史过程。"他认为，产业发展是指产业的产生、成长的过程，既包括单个产业的进化过程，又包括产业总体，即整个国民经济的进化过程。这里的进化过程，其实质就是一个结构变化的过程。"

厉无畏、王振（2003）[②]等在《中国产业发展前沿问题》中则认为，产业发展包含产业的一系列变化趋势，包括"集群化、融合化、生态化"，这些变化不仅"创造出各种新的消费方式"，而且推动着"产业本身的创新与变革"，包括"产业结构方面的新内容、产业技术、产业组织方面的新动向"等。

胡建绩（2008）[③]与其他人不同，他认为，要真正的把握产业发展，必须把产业发展理解为一个内生的过程，必须引入未来这一向度，必须把握产业发展的实质、载体和形式。因此，他对产业发展概念的定义为"产业发展是以价值发展为其实质，以主导产业群为其载体，以经济长波为其形式的产业的一个内生提高过程。"

张文忠等（2009）[④]认为，"产业发展不同于产业增长，产业发展不仅是指产业整体或不同产业量的增长，也包含了产业运行质量的提升。换言之，产业发展是指产业量的增长和产业结构的升级。"

另外，也有专家从产业演化角度来思考。任红波等（2001）认为，"所谓产业演化逻辑就是指随着国民经济的发展，国民收入在一个较长的时期内会逐步增加。国民收入的增加会导致消费者购买力增强，消费者偏好变化和生产要素相对价格的变化。消费者购买力增强和消费者偏好变化会导致市场需求的变化。同时生产要素相对价格的变化结合技术进步会导致产业内资源配置的变化，资源配置的变化会导致产业内市场供给的变化。供求变化共同决定了市场容量的变化，这就引起了分工和

---

① 苏东水.产业经济学［M］.北京：高等教育出版社，2000.
② 厉无畏，王振.中国产业发展前沿问题［M］.上海：上海人民出版社，2003.
③ 胡建绩.产业发展学［M］.上海：上海财经大学出版社，2008.
④ 张文忠等.产业发展和规划的理论与实践［M］.北京：科学出版社，2009.

专业化程度的相应变化，使得产业在不同阶段呈现不同的形态。也就是说，通常而言，市场容量和产业生命周期的变化呈现先加速增加，后减速增加，最后下降的演化趋势"。

Winter、Kaniovski 和 Dosi（2003）认为，产业演化是对产业进程的历史考察，换言之，是对所谓产业演化的形式化事实（stylized facts）进行认定。

周冯琦（2003）从另一个角度出发，着重关注产业结构的演变过程，认为这一演变过程是各种产业载体对资本、劳动力技术和制度等要素及其变化而依据成本收益原则决定的配置行为所演绎出的产业分化和重组的过程。她认为，近年来我国产业结构的演变并不缺乏收入水平的提高决定的需求结构转变的拉动作用，但是明显缺乏支撑产业结构转变相应的产业要素。换言之，产业要素的质量提高未能跟上产业结构转变的要求。她认为产业结构转变本质上是高质量产业要素对低质量产业要素的替代。

本书并不打算对产业发展这个概念进行重新定义，这也不是本书的主要研究目的。从上面的不同定义中我们可以发现它们的共同点在于：产业发展并不仅仅包括产业量的增长，更包括产业结构的改变和质量的提升，而后者可以通过产业演化、产业技术水平升级和质量改善等形式体现出来。与此相似，在本书中，与产业发展相关的概念包括产业结构、产业演化、产业升级和企业创新等。

2 需求约束与发展中国家产业发展：历史回顾

2.1 需求约束与经济增长

2.1.1 经济增长理论的缺陷

在古典与新古典增长理论中，资本对增长的作用被提到极其重要的高度，经济增长被认为主要是积累足够的资本，从而可以运用劳动和资本在经济上最有效地组合所获得的结果，资本积累量的大小是经济增长率高低的关键。

著名的哈罗德-多马模型就是研究储蓄率与经济增长率之间关系的。该模型的简化形式是：$\Delta Y / Y = s \times \Delta Y / \Delta K$。其中：Y 表示产出，$\Delta Y$ 表示产出变化量，$\Delta Y / Y$ 为经济增长率；s 表示储蓄率；ΔK 表示资本存量 K 的变化量。在模型中，假设储蓄等于投资，而投资又等于资本存量 K 的变化量 ΔK。ΔY/ΔK 表示每增加一个单位的资本可以增加的产出，即资本（投资）的使用效率。很明显，储蓄率与经济增长率成正比，储蓄率越高，经济增长越快。

以 Solow（1956）为代表的新古典经济学对于经济增长的标准解释是：劳动投入的增加、资本投入的增加、技术进步、制度创新等导致经济增长。经济增长理论暗含着，在长期中，需求波动被抵消掉了，经济增长只能取决于供给因素。但是，只有通过需求的"检验"，生产的价值才能被"证明"；而在被证明的基础上，生产的价值是否增长的问题才能谈得上。

具体说来，新古典模型把经济增长归结为供给因素（用生产函数表现），归结为劳动的增加、资本的增加和技术进步。假设人口固定不变以及没有技术进步，影响经济增长的唯一要素就是资本的增长率。在一个没有政府部门的封闭经济中，投资或资本的总增加等于储蓄，而资本的净增加等于储蓄减折旧。储蓄率的增加虽然不能改变稳态增长率，但是却能够增加人均产量。新古典模型存在的缺陷是：第一，新古典模型把增长归结为生产函数。但是，生产函数只能表现生产能力及其增长，而不能表现产量的增长。生产能力增长只是产量增长的物质基础，却不能直接简单地等同于后者。自从"惊险的跳跃"成为商品生产必须通过的"检验"以来，不管是企业还是一个国家的经济增长就不仅仅取决于生产能力及其增长，而是取决于市场需求及其增长，否则就不会有经济危机的出现①。新古典模型忽略了需求的影响，是一个重大的缺陷。新古典综合派以及新凯恩斯主义的静态和比较静态理论认为影响产量的主要因素是需求，而其动态理论——新古典模型却认为影响产量的主要因素是供给，未能实现逻辑的一贯性②。第二，新古典模型在论证经济增长时，自动地假定在任何时候"投资等于储蓄"自动实现，似乎只是在说出一个人所共知、不言自明的简单道理。但实际上，这个前提假设条

---

① 以美国为起点的金融危机已经演化为全球范围内的经济危机，我们需要注意的是，在这个过程中，全球范围内的企业生产率水平并没有降低，也就是说供给层面并没有出现问题，而问题在于需求层面的变化。

② 梁东黎. 中国宏观经济分析［M］. 南京：南京大学出版社，2008.

件存在这种大的缺陷①。

主流的供给导向的经济增长理论，既无法解释在资本主义的历史发展过程中资本家对市场的无止境的追求，也无法帮助理解现实中企业对市场份额的争夺。需求的扩张和市场范围的扩大激励企业家通过技术创新，降低单位产品的成本以获得市场规模扩大带来的好处，而技术创新通常以物质资本的投资为载体，因此，投资和资本积累是需求的扩张和市场规模扩大的结果而非原因。

尽管根据增长核算，资本积累是经济增长的原因之一，但是增长核算不同于因果关系。比如，Blomstrom、Lipsey 和 Zejan（1996）的研究认为，产出增长是投资增长的 Granger 原因。这意味着资本积累是经济增长的结果或表现而不是原因。Carrol 和 Weil（1994）的研究也表明，因果性倾向于由产出增长到储蓄而不是相反。即使将人力资本的作用考虑进去，相关的结论亦不会改变。例如，Blis 和 Klenow（2000）的经验研究说明，因果方向是经济增长导致人力资本的增长，而不是人力资本导致经济增长。

2.1.2　需求约束与经济增长理论

（1）分工、市场规模与经济增长

亚当·斯密在《国民财富的性质和原因的研究》一书中开篇就分析了劳动分工，斯密首先从"扣针制造业"的案例出发，得出："凡能采用分工制的工艺，一经采用分工制，便相应地增进劳动的生产力。似乎也是由于分工有这种好处。一个国家的产业与劳动生产力的增进程度如果是极高的，则其各种行业的分工一般也都达到极高的程度。"对于分工为什么有这么大的好处，斯密从三个方面对其进行了分析，"第一，劳动者的技巧因业专而日进；第二，由一种工作转到另一种工作，通常须损失不少时间，有了分工，就可以免除这种损失；第三，许多简化劳动和缩减劳动的机械的发现，是一个人能够做许多人的工作。"

而对于分工的起因问题，斯密则从市场规模角度对其进行了论述。

---

① "投资等于储蓄"为什么能够成立，可以参见梁东黎对其的详细分析。具体请见：梁东黎. 中国宏观经济分析 [M]. 南京：南京大学出版社，2008.

他说："分工起因于交换能力，分工的程度，因此总要受交换能力大小的限制，换言之，要受市场广狭的限制。市场要是过小，那就不能鼓励人们终生专务一业。因为在这种状态下，他们不能用自己消费不了的自己劳动生产物的剩余部分，随意换得自己需要的别人劳动生产物的剩余部分。"接着，斯密又说道，"有些业务，哪怕是最普通的业务，也只能在大都市经营。"

Young（1928）的理论是对市场范围决定劳动分工的斯密定理的进一步的发展。Young 的论文《报酬递增和经济进步》认为，需求导向的以累积因果关系为特征的增长至少与供给导向的增长同等重要。

首先，Young 认为，亚当·斯密提出的劳动分工取决于市场范围的原理是在全部经济学文献中最有阐述力并富有成果的基本原理之一。劳动分工受到市场范围或总需求的制约，随着人口和市场的增长，出现了劳动分工的新机会，从中可以获取新的效益。18 世纪的工业革命越来越普遍地被人们认为不是工业技术某种感悟所带来的突然变动，而是与产业组织的优先变化和市场扩大有关的一系列有序变化的结果。Young 指出，无论是在工业是商业的仆从的中世纪和现代时期早期，抑或是工业资本主义兴起以来，开拓市场都是一项最重要的任务。所谓工业把自己的意志强加给市场，从前生产的是能销售的东西，而现在不得不出售的是生产的东西，这是错误的。

其次，报酬递增取决于劳动分工的发展，现代形式的劳动分工的主要经济，是以迂回或间接方式使用劳动所取得的经济。迂回的生产方式是一方面以资本积累和生产的专业化为特征的，另一方面以更多的新产品和新产业的出现为特征。分工和专业化发展的后果是实际的交易需求的增长和市场的扩大，这类似于萨伊意义上的供给创造其自身的需求，但 Young 所谓的供给创造其自身的需求是由新产品和新产业的出现带来的。

再次，Young 指出，通过观察个别产业和个别企业的规模变化效应，是弄不清楚报酬递增机制的，因为，产业的不断分工和专业化是报酬递增得以实现过程中一个基本组成部分。必须把产业经营看做是相互联系的整体。对于 Young 而言，建立在其他条件不变的假设基础上的供求的边际均衡分析无法解释规模递增和经济增长问题，也就是说通过对投入要素的边际贡献的衡量来解释经济增长在理论上是不恰当的，投入要素的增加是经济增长的结果而不是原因。

最后，Young 强调，劳动分工取决于市场规模，而市场规模又取决于劳动分工。"这意味着不断战胜走向经济均衡的力量的反作用力，在现代经济体制的结构中，比我们通常理解得更广泛和更根深蒂固。不仅来自外部的新的或偶然的因素，而且作为产品生产方式永久特征的因素也不断地进行变化。在生产组织上的每一重要进步，不论它是基于狭义或技术意义上的一个新发明，还是涉及科学进步在产业上的新应用，都改变了产业活动的条件，并对产业结构的其他方面发生反应，而这些反应进一步发生的作用又永无止境。因此，变化是累积的，以累进的方式进行自我繁殖。[①]"简言之，增长带来增长，经济增长本身是自我永续的而不是自我限制的。对于单个产商来说，市场规模的扩大激励产商降低成本，扩大生产规模以满足市场的需求，厂商的边际要素供给成本上升，同时边际的要素报酬递减，但是各个厂商共同扩大生产规模的结果是市场的总体规模得以扩大，整体经济的规模报酬递增得以实现，这又成为进一步劳动分工和经济增长的基础。这一累积过程的实现取决于市场的有效竞争和生产要素自由地、不受阻碍地由边际生产效率低的产商或产业向边际生产效率高的产商或产业流动。

根据上述对 Young 定理的论述，其逻辑思路是市场范围的扩大促进劳动分工的深化，劳动分工的深化导致规模报酬递增，而规模报酬递增反过来进一步扩大了市场的范围。这一过程的关键环节是，市场范围的扩大激励企业通过投资于技术创新、专业化的机器设备和中间投入要素使产业得到升级，进而使劳动分工和规模报酬递增得以实现。

（2）需求创造与经济增长

Aoki 和 Yoshikawa（1999）从需求创造角度，研究了需求与经济增长的关系。这一理论的核心是着眼于需求创造去寻求经济得以长期增长的突破口，认为需求创造（demand creation）是推动经济长期增长的根

---

① 本处的译文参见：贾根良. 劳动分工、制度变迁与经济发展 [M]. 天津：南开大学出版社，1999.

本动因。

Aoki 和 Yoshikawa 理论的主要内容可概括为如下几点。首先，一种产品或部门在其成长的初期阶段一般都是以较快的速度增长，随后进入较为缓慢的增长期直至衰退，整个成长过程呈现 S 形走势。其次，该理论把成长过程中出现的这种增长缓慢和衰退的原因解释为需求递减而并非报酬递减，而传统的增长理论恰恰忽略了对这一因素的考虑。正是在这个意义上，该理论强调只有创造出新的需求才能突破增长缓慢甚至停滞的局面。再次，该理论认为市场对一种产品或部门的需求趋势呈现 S 形的 logistic 增长，并假定一种新产品或新部门的出现，在概率上呈泊松分布。最后，关于技术进步对增长的影响途径和作用机制问题，传统增长理论认为技术进步是通过全要素生产率（TFP）的提高贡献于经济增长的。而该理论则认为技术进步是通过作用于需求增长较快的新产品或新部门的诞生过程贡献于经济增长的，其中推动技术进步的动因不是内生于供给层面的要素投入，而是来自于需求层面的竞争压力。

（3）出口与经济增长理论

自由贸易理论主要是从不同角度分析国际贸易的原因和贸易条件，当然这些分析都以贸易能够促进经济增长为前提的，亚当·斯密最先对其进行过论述。最早专门论述贸易对经济增长的促进作用的主要代表人物是 D.H.Robertson，在 20 世纪 30 年代，他首先提出了贸易是"经济增长的发动机"这个命题的。1959 年，纳克斯对这一命题进行了充实和发展。他在分析 19 世纪国际贸易的性质时指出，19 世纪的贸易不仅是简单地把一定数量的资源加以最适当配置的手段，它实际上是通过对外贸易把中心国家的经济成长传递到其他国家，即中心国家经济迅速增长引起的对发展中国家初级产品的大量需求引发了发展中国家的经济增长。

按照传统的凯恩斯主义思想，作为一种拉动需求增长的因素，出口的增长必然能够带动产出的增加。但是，这一研究出口与经济增长关系的路线并未能够得到自然的扩展。按照 McCombie 和 Thirlwall（1994）等人的说法，这主要是因为"萨伊定律"作为一种思想在人们头脑中的延续。具体地说，许多人相信，对现代经济增长最大的制约因素来自供给方面而非需求方面，或者说，只有增加要素投入并提高经济效率才能促进经济增长。倡导需求分析的经济学家则反对这种观点。一些属于凯恩斯传统的，强调总需求在经济增长中的作用的模型包括 Kaldor（1972）、Thirlwall（1979，1980，1987）、McCombie（1985）、McCombie 和 Thirlwall（1994，1997，1999）等，这些模型的影响力正在增强。

Kaldor（1972）在分析英国工业从成长到衰落的过程时指出，"与许多将英国工业的发展归因于储蓄和资本积累的增加以及由发明和创新所导致的技术进步的观点相反，许多证据表明，英国的工业增长从其早期开始就是需求推动的"。Kaldor（1972）在同一篇文章中同时指出，"毫无疑问，在整个 19 世纪和直到第二次世界大战爆发前的时期中，英国的经济增长都紧紧依赖于其出口的增长。正因如此，当其世界市场份额开始持续地下降……，英国的生产和资本积累的增长就不可避免地低于那些后起的工业化国家……"

Kaldor 的这一思想被 Thirlwall（1979，1980，1987）、McCombie（1985）、McCombie 等（1994，1997，1999）所发展从而形成了一个分析出口与经济增长关系的理论体系。概括地说，该理论体系的特点包括：（1）与许多人的认识相反，凯恩斯模型可以用来分析经济增长这种长期现象；（2）出口是总需求中一个自主的组成部分（autonomous component of demand）；（3）正如投资在凯恩斯的封闭经济模型中所发挥的作用一样，出口在开放经济模型中发挥着关键作用；（4）强调国际收支平衡作为一种约束在经济增长过程中所发挥的作用；（5）对于供给方面的因素，包括要素投入的增加和技术进步，在供给约束并不重要的前提下，Thirlwall 理论认为这些因素都已经被内生化在一个需求拉动的经济增长过程之中。或者说，在需求的拉动之下，要素投入的增加和要素使用效率的提高都是自然而然的事情。

2.2 需求约束与产业发展

2.2.1 封闭条件下需求约束与产业结构演变

科林·克拉克（1940）首先从第一种方法出发做了开拓性研究，该研究成果被称为"配第-克拉克"定理。其理论模型采用费希尔（1939）最先提出的三次产业分类，研究了人均国民收入变动和劳动力在三次产业间转移趋向的内在关联。对国家产业结构的变化，"配第-克拉克"定理是一种非常经典的说明。在配第经验性研究的基础上，克拉克利用三次产业分类法，对产业结构演进趋势进行了考察，将各国经济发展划分为三个阶段。第一阶段，以农业为主的低开发经济社会。在这个阶段，人们主要从事农业劳动，劳动生产率低，人均收入少。第二阶段，随着经济发展，制造业比重迅速提高，进入以制造业为主的经济社会。由于制造业的劳动生产率高，导致人均收入提高，引起劳动力从农业向制造业转移，人均国民收入提高。第三阶段，随着经济的进一步发展，商业和服务业得到迅速发展，由于商业、服务业的人均收入比农业和制造业高，引起劳动力从农业向商业和服务业转移，全社会国民收入增长加快，人均国民收入水平大大提高。

库兹涅茨（1966，1971）在此基础上，进一步对其做了发展。库兹涅茨集成克拉克的研究成果，收集和整理了多个国家长达100年的数据，从国民收入和劳动力在产业间配置转移这两个方面，研究了产业结构的变动趋势。他认为，随着经济发展，农业部门的国民收入在全部国民收入中的比重（国民收入的相对比重）和农业劳动力在全部劳动力中的比重（劳动力的相对比重）都趋于下降；工业部门国民收入的相对比重大致是上升的，但劳动力的相对比重变动不大；服务部门劳动力的相对比重是上升趋势，但国民收入的相对比重变动不大。总体而言，三大产业结构演变规律揭示了随着经济增长的加快和人均收入的提高，产业结构从最初的"一二三"比重分布，经过"二一三"或"二三一"中间阶段的过渡，最终必然达到"三二一"的趋势。

美国著名经济学家钱纳里等人认为，经济增长是经济结构（产业结构）转变的结果，结构转变与人均收入有着规律性联系，在不同收入水平上经济增长依次通过以消费品工业、重化工业和高科技高附加值工业为不同侧重点的增长阶段。其中，重化工业品的发展又可分为以原材料工业为重点和以加工型工业为重点的两个不同阶段。在上述过程中，经济增长具有加速趋势，而当经济发展完成工业化进入成熟经济以后，增长速度会明显放缓。

钱纳里借助多国模型提出的增长模式，将随人均收入增长而发生的经济结构转换过程划分为三个经济发展阶段和七个时期（见表2-1）。

表2-1　　　　　　　　　钱纳里工业化阶段划分法[①]

时期	人均收入（美元）		经济发展阶段	
	1964 年	1970 年		
0	70～100	100～140	初级产品阶段	
1	100～200	140～280		
2	200～400	280～560	初期阶段	工业化阶段
3	400～800	560～1 120	中期阶段	
4	800～1 500	1 120～2 100	后期阶段	
5	1 500～2 400	2 100～3 360	初级阶段	发达经济阶段
6	2 400～3 600	3 360～5 040	高级阶段	

库兹涅茨、钱纳里、赛尔奎因等依据人均GDP标准，考察了人均GDP（需求）的变化对产业结构变动的规律，表2-2反映了国外学者对三次产业增加值结构变动的一些研究成果。

上述三种研究结果反映了三次产业增加值结构变动的一般规律：当人均GDP从低到高演进时，第一产业增加值比重从45%～48%，逐渐下降到10%左右；第二产业的增加值比重则从13%～21%，逐渐上升到39%～50%；服务业的增加值比重则从31%～40%，逐步上升到40%～49%。总体来看，随着人均GDP的增加，第一产业增加值比重逐步下降，第二、三产业增加值比重逐步上升的趋势比较明显。此外，第二产业增加值比重是起点低、上升快；服务业增加值比重则是起点高、上升慢。从第二、三产业的增加值比重相比来看，随着人均GDP上升到模型的高端，第二、三产业增加值比重都超过了40%的水平，而第二、三产业增加值比重哪一个处于绝对地位还是比较难以判断。也就是说，从增加值比重来看，第二、三产业内增加值比重谁高谁低目前还没有定论。

――――――――――
① 钱纳里，等. 工业化和经济增长的比较研究 [M]. 吴奇，等，译. 上海：上海三联书店，1996.

表2-2　　　　　三次产业增加值结构演变的国际标准模式　　　　单位：美元

三种研究结果	人均 GDP	第一产业	第二产业	服务业
库兹涅茨模式 （1958 年）	70	45.8	21.0	33.2
	150	36.1	28.4	35.5
	300	26.5	36.9	36.6
	500	19.4	42.5	38.1
	1 000	10.9	48.4	40.7
钱纳里、艾金通 和西姆斯模式 （1964 年）	100	46.3	13.5	40.1
	200	36.0	19.6	44.4
	300	30.4	23.1	46.5
	400	26.7	25.5	47.8
	600	21.8	29.0	49.2
	1 000	18.6	31.4	50.0
	2 000	16.3	33.2	49.5
	3 000	9.8	38.9	48.7
赛尔奎因和钱纳里模式 （1980 年）	300	48.0	21.0	31.0
	300	39.4	28.2	32.4
	500	31.7	33.4	34.6
	1 000	22.8	39.2	37.8
	2 000	15.4	43.4	41.2
	4 000	9.7	45.6	44.7

当然，模型中的人均 GDP 随着经济发展会进一步提高，因此三次产业的增加值结构将不断的演变。

张文忠等（2009）认为，产业结构升级需要需求支撑，随着一国经济发展和收入水平的提高，其需求层次也随之提高。需求结构从解决温饱为主向耐用消费品需求、进而再向现代服务需求的升级，拉动了产业结构的不断优化升级。统计研究表明，当前可支配收入水平是决定一国消费的核心因素。收入的提高将会极大刺激消费需求的增加和消费结构的变化，进而带动产业结构的改变和升级。

2.2.2 需求约束与发展中国家工业化理论

发展经济学家对工业化有多个定义，但是非常典型的有以下三种。

钱纳里[①]认为，工业化是一般可以由国内生产总值中制造业份额的增加来度量，把工业化看成是制造业和服务业在国民经济中所占份额上升和农业在国民经济中所占份额下降的过程，或者说工业化就是国民经济脱离农业的结构转变过程。

张培刚[②]认为，"工业化是国民经济中一系列基要的生产函数（或生产要素组合方式）连续发生由低级到高级的突破性（或变革）的过程"。这种变化可能最先发生于某一个生产单位的生产函数，然后再以一种支配的形态形成一种社会的生产函数而遍及于整个社会。"基要的"（strategica1）生产函数的变化能引起并决定其他生产函数的变化，对于后者我们可以称为"被诱导的"（induced）生产函数。从已经工业化的各国的经验来看，这种基要生产函数的变化，最好是用交通运输、动力工业、机械工业、钢铁工业诸部门来说明。

以上对工业化的认识更多是从供给角度来展开的。在传统工业化理论中，资本积累被视为工业化得以发展的关键和约束条件，刘易斯（1954）[③]提出"经济发展的中心问题，是要理解一个社会由原先储蓄和投资还不到国民收入的 4%～5%转变为自愿的储蓄达到国民收入 12%～15%以上的这个过程，它之所以成为中心问题，是因为经济发展的中心事实就是迅速的资本积累。"钱纳里和奥兰姆·斯特劳特（Alanm Strout）于 1962 年在《外国援助与经济发展》一文中建立了后来被理论界广泛引用的"双缺口"模型。该模型认为，大多数发展中国家经济发展的历程表明，经济发展主要受三种因素的约束：一是"储蓄约束"，即是国内储蓄水平低，不足以支持国内投资需求的扩大，影响经济的发

① 钱纳里，等. 工业化和经济增长的比较研究［M］. 吴奇，等，译. 上海：三联书店，1995.
② 张培刚. 发展经济学理论（第一卷）［M］. 长沙：湖南人民出版社，1991.
③ ARTHUR LEWIS，W，Economic Development with Unlimited Supplies of Labour［J］. Manchester School of Economic and Social Sciences，1954，（22）2：139 - 91.

展；二是"外汇约束"，即有限的外汇收入不足以支付经济发展所需要的资本品和消费品进口，阻碍了经济发展；三是"吸收能力约束"，即由于缺乏必需的技术和管理，无法吸引并有效地使用外资和各种资源，从而影响生产率的提高和经济的发展。因此，钱纳里等人认为，如果发展中国家能成功地利用外资，便可以逐渐克服储蓄、外汇和技术的约束，增加国民总储蓄和总投资，进而促进经济增长。

然而，吉利斯、波金斯等[①]认为，"工业化即是以各种不同的要素供给组合去满足类似的各种需求增长格局的一种途径"。在他们看来，工业化不仅从供给方面影响增长，而且需求因素对工业化的作用至少同样重要。Kaldor（1972）在分析英国工业从成长到衰落的过程时指出，"与许多将英国工业的发展归因于储蓄和资本积累的增加以及由发明和创新所导致的技术进步的观点相反，许多证据表明，英国的工业增长从其早期开始就是需求推动的"。Kaldor（1972）在同一篇文章中同时指出，"毫无疑问，在整个 19 世纪和直到第二次世界大战爆发前的时期中，英国的经济增长都紧紧依赖于其出口的增长。正因如此，当其世界市场份额开始持续地下降……，英国的生产和资本积累的增长就不可避免地低于那些后起的工业化国家……"

道格拉斯·诺斯（1963）也从需求角度对美国工业化的过程进行了一个历史性的分析。他认为，内战前，美国制造业能够发展的最重要的影响是国内市场规模的扩大。"两个考察过 19 世纪美国制造业的英国代表团，其报告代表了对美国在内战前制造业进步的最谨慎的评价，把第一个侧重点置于市场的规模和构成。他们不仅注意到了人口的绝对规模和增长率，也注意到了人民较高的平均财富。华里斯特有感于这样一个事实'即可以说所有阶层的人民都穿得不错，一个阶层扔掉的衣服绝不会被另一个阶层再穿'。给他们印象最深的是生产方式的标准化，这使它便于采用机械技术因而降低单位成本，大批量生产一种标准化产品。日益增加的工业地方化、职能专业化，以及企业规模的不断增大，这一切基本上和市场的扩大有关，这种扩大源自地区专业化和地区间贸易的

① 吉利斯，波金斯，等. 发展经济学 [M]. 黄卫平，等，译. 北京：中国人民大学出版社，1998.

增长，而这种增长始于 1815 年后，随着 19 世纪 30 年代的急剧扩张而加速。纺织、服装、鞋靴以及其他消费品的市场达到了全国性的规模，反映了自给自足的下降、专业化的发展和劳动分工。对机器和铁制品引致的需求，作为对消费品工业的反应而扩大了"。另外，他还认为，"如果不断扩大的市场规模使制造业的发展成为了可能，那么，是企业家和劳动者的素质能有效地利用这些机会"。

早期的发展经济学家认为发展中国家的工业化要强调政府干预或国家计划来进行经济结构的调整，通过结构调整来实现工业化，使发展中国家的经济由农业占统治地位的经济结构转向以工业和服务业为主的经济结构。但 20 世纪 60 年代以来，实践结果与理想预期相差甚远，主要原因是忽视了市场机制的作用，过分强调政府干预导致资源无效配置。上述问题的出现，使得发展经济学家在 20 世纪 70 年代后开始对传统工业化道路进行反思和完善：重新定位农业在工业化过程中的地位，对工业化进程中的计划、政府干预的作用进行客观评价，进一步强调了市场机制的作用。20 世纪 80 年代，发展经济学采用历史统计与比较分析的方法，把工业化与经济增长联系在一起，分析了影响工业化与经济增长的主要因素。这一阶段代表人物是钱纳里、鲁滨逊、赛尔奎因、吉尼斯、波金斯等。这个阶段的研究成果主要包括以下内容：运用投入-产出分析方法、一般均衡分析方法和经济计量模型，通过多种形式的比较研究，分析比较了准工业国家（地区）的发展经验和成功工业化的原因，揭示工业化促进经济结构转变同经济增长之间的关系；研究认为工业化到经济结构的转变取决于两类主要因素的演化，工业化是经济结构转变的最重要阶段，工业化不仅从供给方面影响经济增长，需求因素变化对于工业化的作用也同样重要，认为"工业化即以各种不同的要素供给组合去满足类似的各种需求增长格局的一种途径"[1]；研究了贸易和工业化的关系，认为一国工业是在其要素禀赋、结构因素和技术的制约下开始工业化进程的，通过贸易政策可以加快工业化进程，改变工业结构，引进先进技术，指出"工业化战略的选择取决于一个国家的贸易方

---

① 钱纳里，等. 工业化和经济增长的比较研究 [M]. 吴奇，等，译. 上海：三联书店，1995.

式，为了促进比较优势的转变和改变工业化模式，政府可以采取两种贸易战略：进口替代和外向型发展"①；还将工业化过程大致划分为外向型、中间型和内向型三种主要模式，揭示了准工业化国家（地区）发展经验的主要区别。

事实上，目前包括中国在内的一些发展中国家的资本积累已经足够充分，但是却已经出现了比较严重的有效需求不足问题，工业生产能力相对过剩，却无法与农村剩余劳动力相结合。显然传统工业化理论已经难以解释工业化过程中的工业品需求不足的现象，为此，从 20 世纪 80 年代开始，就有学者突破传统工业化理论强调资本公积的二元经济发展思路，探索需求与工业化理论，建立了在需求约束基础上的二元经济发展模型。

20 世纪 80 年代初，拉克西特（Rakshit）重点研究了欠发达国家的有效需求问题。拉克西特首先从产品、信贷、土地市场不发达三个方面指出了欠发达国家存在有效需求不足的原因，认为欠发达国家商品市场不发达导致了交易障碍；而信贷市场不完善减少了储蓄及有效投资水平，一方面相当多的生产者不能为预期利润较高的项目筹集资金，另一方面，许多人苦于没有投资项目，很难为自己的闲散资金找到足够多的借贷者；从土地市场来看，发展中国家居民对土地有一种特殊的偏好，导致土地的非流动性，阻碍了土地改良等土地投入，从而降低了总需求。同样，拉克西特假设经济由农业部门和非农部门组成，农业部门主要实行家庭生产制度，而非农部门实行资本主义制度，并存在过剩的生产能力，即非农部门的生产存在需求约束，并假定以农产品来表示的实际工资水平不变，非农部门产品的需求来源由三部分构成，即农民、地主和工人，农民和地主对非农产品的需求必须等于农业部门的市场剩余，由此拉克西特推导了需求约束下工业部门的产出与就业方程，证明非农部门的产出水平由农业市场剩余和非农居民对农产品的消费倾向决定，而非农部门的就业水平由城乡居民的工资水平、各阶层对农产品的消费倾向和农业产出的就业弹性决定"。拉克西特认为在工业品需求约

---

① 吉利斯，波金斯，等. 发展经济学 [M]. 黄卫平，等，译. 北京：中国人民大学出版社，1998.

束下，存在投资不足，非农部门的就业水平小于潜在的就业水平（与农产品市场剩余的最大供给量对应的非农就业水平），因而提高投资水平将使贸易条件有利于工业部门，同时扩大非农部门产出，主张运用凯恩斯提高投资水平的药方，解决发展中国家工业化过程中有效需求不足的问题。

墨菲等（1989）从经济机制方面对收入分配、市场规模与工业化关系进行了研究，认为在二元经济转型国家，居民收入分配影响市场规模，进而决定工业化边界。墨菲等人假设市场中只有一种农产品即食物，而工业品的集合为 q ， $q \in (0, \infty)$；假定食物是生活必需品，每个消费者使用所有收入购买食物，直到某个数量 Z 被满足为止，此后如果还有收入剩余，就将所有的剩余收入购买工业品，工业品的消费者分为上层阶级和中间阶级（与此相对应，一部分低收入者没有工业品消费能力，收入仅用于购买食物）。假定农业部门与工业部门的工资相等为 W ，利润分别为 π_A、π_I；因为人们的收入水平与他所消费商品的种类和数量存在正方向关系，所以，边际工业部门产品的消费者实际上就是收入水平最高的 N^* 个人，他们正好购买了所有工业部门 (0, Q) 的产品，假设第 N^* 最富有的消费者所占利润份额为 V^*，则工业部门的产出可以表示为：

$$Q = \frac{V^*(\pi_A + \pi_I) + (W - Z)}{\alpha W} \qquad (1-1)$$

其中， α 表示每个工业品需要投入的劳动量， αW 为工业品的价格。

从上述方程可以看出，在 α 、 W 、 Z 确定的情况下，工业化边界 Q 就由第 N^* 最富有者的财富决定。设 T 为中间阶级的利润份额，N_I 为包括上层阶级 N^* 和中间阶级在内的所有工业品的消费者人数，且工业品数量与劳动力人数为一比一的关系，则工业部门的就业人数为：

$$L_I = \frac{(T + N^*V^*)(\pi_A + \pi_I) + N_I(W - Z)}{\alpha W} \qquad (1-2)$$

因此，墨菲等人认为收入分配决定了工业化成败，分配过度平均或过度不均都不利于工业化发展，如果收入分配过度平均，每个人在农业利润与工业利润中拥有相同的份额，则在工业化刚起步的低收入国家，可能会导致市场中缺乏工业品的消费者；如果收入分配过于不均，则有能力购买工业品的消费者人数较少，且上层阶级还将部分收入用于奢侈品的消费，这时工业化进程就会受制于国内市场规模过小，在工业品生产中，报酬递增的技术往往难以被采用；因此，在二元经济转型国家，如果有能力购买工业品的中间收入层居民占有较大的比重，将扩大工业品市场规模，促进工品需求，工业化进程加快。

Murata（2002）以日本工业化过程中的历史证据，从二元结构转换的角度，分析了城乡相互依赖关系对工业化的作用。Murata 通过均衡模型证明，工业化过程中城乡之间存在两种循环：一是工业投入品的成本份额，随着城市化的发展，将创造出更多的农用工业品，导致农用工业品价格降低，农民更多地使用农用工业品，从而促进城市化；二是居民对工业品的支出份额，随着居民收入水平的增加，居民对工业品的支出份额增加，将导致工业品的需求增加，促进城市化发展，从而提高居民的收入水平。但如果农业生产中的工业品投入比重过低，经济就将陷入"供给主导型"均衡水平；如果居民对工业品的消费支出比重过低，就将导致"需求主导型"的均衡陷阱。因此，发展中国家应不断地提高劳动生产率和降低中间产品成本来推动工业化进程。

Ciccone 和 Matsuyama（1996）在 Romer（1987）的基础上研究了由于市场大小和劳动分工引起的贫穷陷阱，由于先进的技术要求高度分工的要素和设备，他们考虑了由于中间品的生产需要数额较大的固定投资，而在不发达国家，由于市场规模过小，报酬递增的技术无法在经济中得到充分利用，所以下游产业只能采用落后的技术，而这反过来又减少了上游高度分工的企业的市场大小，从而经济会陷入恶性循环，所以经济可能会陷于贫困陷阱。

郭克莎（2001）认为，在我国需求制约经济增长成为常态的条件下，工业增长受到的需求制约将更加明显，因为工业在国民经济中的比重相对过高，供过于求的矛盾更加突出。21 世纪初期，工业增长和结构变动的态势，将在很大程度上取决于消费需求、投资需求和出口需求变动的趋势。郭俊华、任保平（2007）认为，建立健全统一的大市场是我国新型工业化发展的内在需要。市场化是推进工业化的基本保障：一方面是市场范围的深度，即在某一区域或某一部门，其专业化分工越来越细；另一方面是市场范围的广度。从地域看，涉及多个地区或部门；从市场产品看，品种越来越齐全。由上面的界定可以推知：随着市场化进程的推进，市场品种越来越全、市场范围和交换的规模也越来越大、专业化分工程度就越深，进而产业种类也越来越多，最终将使得工业化程度提高。但得出这一结论的前提条件是具备一个统一完备的市场体系。因为即使专业化分工达到很精很细的程度，但由于各类市场的分割，使得各类市场产品不能交换，必然导致专业化分工的萎缩，进而阻碍工业化进程。所以从新型工业化的本质特征来看，也需要一个统一的大市场为其提供重要保障。此外，从新型工业化的国际化要求来看，统一大市场的建立也是新型工业化发展的内在要求。

2.2.3　国际贸易与发展中国家产业发展模式

（1）产业转移理论

产品生命周期理论（Theory of product life cycle）是由美国哈佛大学教授弗农（R. Vernon）于 1966 年首先提出的，后经赫希什（Hirsch，1967）、威尔斯（Louise T. Wells，1968）等人不断发展和完善。该理论从产品生产的技术变化出发，分析了产品生命周期各阶段的循环及其对国际贸易的影响。产品生命周期理论认为，由于技术的创新和扩散，制成品和生物一样具有生命周期，先后经历五个不同的阶段，即新生期、成长期、成熟期、销售下降期和让与期。在产品生命周期的不同阶段，各国在国际贸易中的地位是不同的。威尔斯以美国为创新国为例，将国内外需求与产品生命周期通过图示说明，如图 2-1 所示。

图中，纵轴表示商品销售量，横轴表示时间。在第一阶段，美国研制与开发新产品，于 t_0 开始投产，产量较少，产品主要在本国市场销售。在这个阶段美国处于垄断地位。随着经营规模的扩大和国外需求的发展，美国于 t_1 开始向国外出口该产品，该产品进入第二阶段。于 t_2 处，国外生产者开始模仿新产品生产，与美国竞争，新产品进入第三阶段。随着国外生产者增多及其生产能力增强，美国的出口量下降，其他

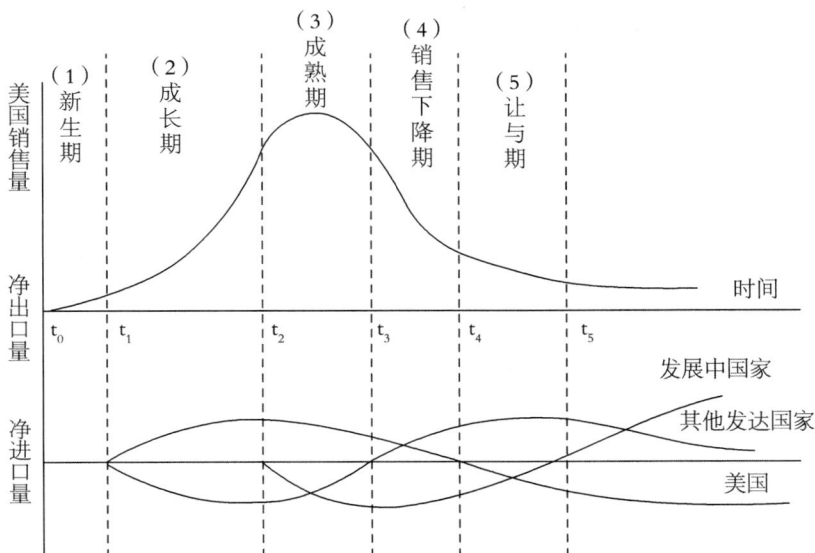

图 2-1　国内外需求与产品生命周期

一些发达国家于 t_3 处变为净出口者，使该产品进入第四阶段。这时，产品已高度标准化，国外生产者利用规模经济大批量生产，降低生产成本，使美国开始失去竞争优势并于 t_4 处变为净进口者，该产品进入第五阶段。及至 t_5 处，由于发展中国家的低工资率使它们具有该产品比较优势，该产品由低收入的发展中国家出口到高收入的发达国家，即产品由发达国家完全让位给发展中国家。

　　从以上分析可见，由于技术的传递和扩散，不同国家在国际贸易中的地位不断变化，技术和新产品创新在美国，而后传递和扩散到其他发达国家，再到发展中国家。当美国发明的新产品大量向其他发达国家出口时，正是其他发达国家大量进口时期；当美国出口下降时，正是其他国家开始生产、进口下降时期；当美国由出口高峰大幅度下降时，正是其他发达国家大量出口时期；而其他发达国家出口下降时，正是发展中国家生产增加、进口减少时期；其他发达国家从出口高峰大幅度下降时，正是发展中国家大量出口时期。新技术和新产品的转移和扩散像波浪一样，一浪接一浪向前传递和推进。

　　第二次世界大战后，一些日本学者除了对欧美学者提出的有关理论模型作出修正和补充以外，立足日本国情，逐步发展形成了一套独特的产业结构理论。筱原三代平（1955）提出了"动态比较费用论"，其核心思想在于强调：后起国的幼稚产业经过扶持，其产品的比较成本是可以转化的，原来处于劣势的产品有可能转化为优势产品，即形成动态比较优势。在实践中，对于具体应该是通过什么途径来实现，一些日本学者提出各种理论假设和模型，日本经济学家根据发展经济学的后发展优势和东亚国家的工业化战略由进口替代向出口导向转换的规律提出了雁形发展理论。雁形发展理论本质是一种工业化的波及效应和学习效应相结合的理论。它的首创者是日本经济学家赤松要。

赤松要（1936、1957、1965）在战前研究日本棉纺工业史后提出"雁形形态论"最初的基本模型，战后与小岛清（1973）等人进一步拓展和深化了该理论假说，用三个相联系的模型阐明其完整内容。模型1（基本形）：后起国特定产业的生命周期一般由三个阶段构成，即进口→国内生产（进口替代）→出口（后又扩展为五阶段，加上"成熟"和"返进口"两个阶段）；模型2（变形Ⅰ）：国内各产业生命周期均经过上述各阶段，但次序由消费资料生产转向生产资料生产，或由轻工业转向重化工业，进而转向技术密集型产业；模型3（变形Ⅱ）：随比较优势动态变化，通过直接投资等方式在国际间出现产业转移，东亚后起国追赶先行国进程具有"雁行模式"的特征。但"雁行模式"的形成是有条件的，当条件发生变化时，该模式也将转换。即这一模式可以说明过去，不一定能说明将来；可以适用于东亚中小国家和地区，但不一定适用于发展中大国。

日本另一经济学家渡边利夫（1981）[①]在雁形发展理论的基础上，进一步提出了结构转换连锁理论。他认为，东亚经济之所以能在世界经济低迷时期始终保持旺盛的活力，关键在于其很高的"转换能力"。即东亚各国在根据条件变化进行自我调整、向更加高度化的产业结构转换的应变能力上显示出比其他地区更加超群的力量。而且，在该地区，由于各国都具有很高的结构转换能力，一国的结构调整和转换会立即诱发

---

① 渡边利夫. 发展经济学：经济学与现代亚洲［M］. 东京：日本评论社，1996.

出别的国家的结构转换，从而产生一种结构转换连锁效果，使整个地区经济保持一种生生不息的发展活力。渡边利夫（1996）[1]认为，结构转换连锁性继起局面的出现，核心原因就在于与东亚社会存在一种很强的将"后发性利益内部化"的能力。

关满博（1993）提出产业的"技术群体结构"概念，构建了一个三角模型，并用该模型分别对日本与东亚各国、地区的产业技术结构作了比较研究。核心思想是：日本应放弃从明治维新后经百余年奋斗形成的"齐全型产业结构"，必须促使东亚形成网络型国际分工，而日本只有在参与东亚国际分工和国际合作中对其产业进行调整才能保持领先地位。

在经济全球化条件下，国际贸易与产业结构之间是相辅相成、相互促进的关系。国际贸易与产业结构之间主要通过国际利益比较机制实现，国际利益比较机制一方面会引导该国产业演进向着某种类型的产业结构模型倾斜，如劳动密集型、资金密集型或技术密集型等，另一方面这种相对成本较低的专业化生产，在国际贸易中处于有利的地位，从而反过来又使国内产业结构进行调整，进一步导致一国的生产资源流向具有比较优势的产业部门，改善各个国际贸易参与国家或地区之间资源配置效率与社会福利。国际贸易对产业结构升级的影响的另一种方式是通过产品循环来实现的。按照弗农的产品生命周期理论，发达国家的产品生命周期是"生产→出口→进口"，而按照赤松要等的雁行模式，后发国家的产业发展路径是"进口→国内生产→出口"。将两者联系起来就得到一个相对完整的国际产业转移模式（如图 2-2 所示）。

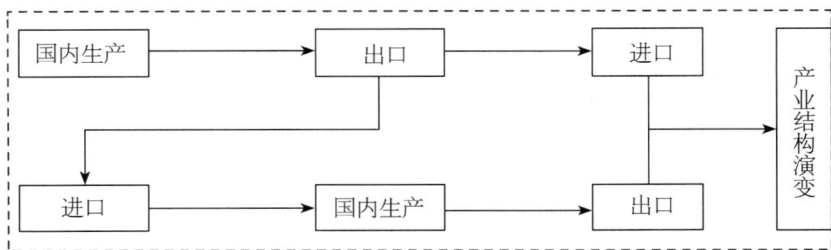

图 2-2　弗农"产品生命周期"理论与赤松要雁行模式的结合

发达国家和发展中国家之间通过这种产品循环，出现由产业结构推

---

①　渡边利夫. 成长的亚洲，停滞的亚洲［M］. 东京：东洋经济日报社，1985.

动贸易结构，再由贸易结构带动产业结构的不断高级化的演变趋势。

（2）国际贸易与全球价值链

在过去 20 年中，全球价值链形式的贸易增长，要大大快于公平市场交易和公司内贸易形式的贸易增长（Schmitz，2004），比较优势更多地以价值链的形式展开。垂直专业化分工的出现对以前的理论提出了挑战，就像本章在下面将要提到的，林德、波特以及韦特等认为，出口是由国内需求推动的。但在全球价值链背景下，出口并不是由内需来驱动。发展中国家企业为发达国家企业代工模式的出现使得出口的发生并不一定依赖于国内需求的激励。目前，包括中国在内的发展中国家的出口基本上是利用了要素禀赋优势理论。在全球价值链背景下，越来越多的发展中国家依赖于其劳动力等方面的要素禀赋优势加入了经济发展的热潮中，以代工者的身份参与全球价值链中的低端制造型环节的生产，而发达国家凭借自己在技术创新能力和人力资本积累方面的先发优势所发展出的高级要素禀赋比较优势，以主导者身份占据且控制着全球价值链中的核心技术研发、品牌或销售终端等高端环节，形成了发达国家主导的全球价值链的分工格局（张杰、刘志彪，2007）。2015 年《经济学人》指出，我国制造业产值已占据全球的 25%，生产全球 70%的手机、60%的鞋、80%的空调，但是我国企业在跨国公司主导的技术轨道下仅扮演着标准化、可编码知识使用者角色。鞠建东、余心玎（2013）也指出，尽管我国在全球价值链上所处的位置及出口产品的种类均与发达国家相似，但是出口产品仍属于低值产品。发展中国家企业以代工模式从低端融入全球价值链虽然可以实现工艺和产品升级（张辉，2004；李晓华，2010），但参与的是依附型全球价值链，往往会导致本土企业"被俘获"（Schmitz，2004；Messner，2004），而且国际分工网络的跟随者同时也承受着国际风险传导的影响（代谦、何祚宇，2015），并不是加入全球价值链的每个企业都可积累源自客户的技术能力（Humphrey & Schmitz，2004）。进而，从一国的产业结构层面来说，受强大国际市场需求力量引导而形成的贸易结构，往往会引导国内产业结构偏离国内需求变动的要求，使内产业结构出现畸形化发展。

2.2.4　需求约束与产业集聚

关于产业集聚的最早分析，大多数人都将其归因于马歇尔。他们认为马歇尔从"外部经济"这个概念出发来探析了产业集聚。马歇尔[①]写道：

当一种工业已这样选择了自己的地点时，它是会长久设在那里的。因此，从事同样的需要技能的行业的人，互相从邻近的地方所得到的利益是很大的。行业的秘密不再成为秘密；而似乎是公开了，孩子们不知不觉地也学到许多秘密。优良的工作受到正确地赏识，机械上以及制造方法和企业的一般组织上的发明和改良之成绩，得到迅速的研究。如果一个人有了一种新思想，就为别人所采纳，并与别人的意见结合起来，因此，它就成为更新的思想之源泉。不久，辅助的行业就在附近的地方产生了，供给上述工业以工具和原料，为它组织运输，而在许多方面有助于它的原料经济。

其次，在同一种类的生产的总量很大的区域里，即使用于这个行业的个别的资本不很大，高价机械的经济使用，有时也能达到很高的程度。因为，辅助工业从事于生产过程中的一个小的部门，为许多邻近的工业进行工作，这些辅助工业就能不断地使用具有高度专门性质的机械，虽然这种机械的原价也许很高，折旧率也许很大，但也能够本。

再次，除了最早的阶段之外，在一切经济发展的阶段中，地方性工业因不断地对技能提供市场而得到很大的利益。雇主们往往到他们会找到他们所需要的有专门技能的优良工人的地方去；同时，寻找职业的人，自然到有许多雇主需要像他们那样的技能的地方去，因而在那里技能就会有良好的市场，一个孤立的工厂之厂主，即使他能得到一般劳动的大量供给，也往往因缺少某种专门技能的劳动而束手无策；而熟练的工人如被解雇，也不易有别的办法。在这里，社会力量与经济力量合作；在雇主与雇工之间往往有深厚的友谊；但是，如果他们之间发生了任何不愉快的事件，双方都不愿感到他们必须继续互相摩擦；如果他们

---

① 马歇尔. 经济学原理（上卷）[M]. 朱志泰，译. 北京：商务印书馆，1983.

的旧关系变为讨厌了，双方都愿意能容易地中断这种关系。这些困难对于任何企业——它需要专门技能，但在附近地方却没有与它相同的其他企业——的成功，仍然是一大障碍：可是，这些困难正为铁道、印刷机和电报所减少。

其实概括起来，马歇尔认为"外部性"也就是产业集聚的三个作用在于：产生知识外溢、可以形成中间投入品市场以及劳动力可以共享。从供给角度进行研究的文献非常多，譬如，传统工业区位论的代表人物Weber（1929）、著名的赫克歇尔-俄林理论（1931）、Myrdal（1957）的"循环累积"因果关系规律以及新经济增长理论的代表人物Romer（1986）、Lucas（1988）关于技术溢出和集聚经济关系的研究。

另外，也是非常重要的一点是，马歇尔也从需求方面分析了专门工业为何集中于特定地方。地方需求的扩大和需求的不同特点导致了产业的集中："聚集在宫廷的那些富人，需要特别高级品质的货物，这就吸引了熟练的工人从远道而来，而且培养了当地的工人"[①]，以上我们从生产经济的观点研究了地区分布问题。但是对于顾客的便利也要加以考虑。顾客为了购买零碎东西会到最近的商店；但要购买重要的东西，他就会不怕麻烦，到他所认为对他的目的特别好的商店去。因此，经营高价和上等物品的商店，就会集中在一起；而供应日常家庭必需品的商店则不如此"[②]。这里阐述的就是市场需求约束下的产业集群现象。这方面也有相关的文献，亚当·斯密（1776）就对此有过相关的分析，另外，Grubel（1967）、Krugman（1991）等也进行了相应的论述。

譬如，根据斯密（1776）的分工理论，对于一个国家来说，当交易费用很大时，市场将被分割，市场过小，有限的市场也抑制了专业化分工和产品细分，市场外部性难以体现，在这种情况下产业集聚就不会形成。当交易费用逐渐下降，分立的小规模市场趋于融合，厂商和劳动力在更大规模的市场区域形成集聚。市场的扩大和厂商的集聚，导致加工各环节与前期供料、后期销售等的专业化分工体系出现。专业化分工与交易费用下降进一步推动市场的扩张，市场外部性逐渐提升。进一步扩

---

① 马歇尔. 经济学原理（上卷）[M]. 朱志泰，译. 北京：商务印书馆，1983.
② 马歇尔. 经济学原理（上卷）[M]. 朱志泰，译. 北京：商务印书馆，1983.

张的市场支持更多的厂商以更低的成本规模生产和开发细分产品，产业链不断分解、拉长，产品越做越精。市场外部性的显著提升，使得区域对更多的厂商形成吸引，从而形成"市场扩张——生产专业化/产品细分——外部经济加强——厂商集聚——市场扩张"的循环累积效应，最终导致较大规模的产业集群形成。下面我们看一个具体的案例①：

【案例】　　　　浙江永嘉县桥头镇纽扣产业集群的形成路径

浙江永嘉县桥头镇系温州市三十经济强镇之一，被誉为"东方的布鲁塞尔""世界东方第一大纽扣市场"和"纽扣之都"。2001年桥头镇国内生产总值13.42亿元，财政收入7781万元，农民人均收入8060元，仅纽扣及相关产品交易近三十亿元。分析桥头镇纽扣产业集群的形成过程，可以明显地发现市场扩大对集群形成的推动作用。

第一阶段：自发性的市场孕育阶段（1977—1982）。桥头镇人多地少，人均耕地面积不到0.2亩。因此，外出经商成为生活的重要来源，即使在计划经济期间也不例外。1976年塑料丝工艺编制业在桥头兴起，一些人不自觉地开始经营纽扣。当时地处苏南的国营纽扣生产大厂积压了大量纽扣，企业处于停产边缘。而计划指令调销上海国营百货商场又因种种原因无法经营此种商品。在这种情况下，桥头镇的人们把这些积压纽扣全部包销回来，在当地设摊叫卖，再由成千上万的小贩，大包小包肩扛手提，坐汽车到金华，再沿铁路到全国各地的农村。翻山越岭，甚至到漠北和边疆。这些行走的商贩和分布在各地的摊店，形成一个覆盖全国的桥头镇纽扣销售网络。区域品牌也逐步树立。

第二阶段：生产企业开始集聚（1983—1986）。市场的不断扩大，吸引了许多家庭开始从事纽扣、拉链等服装辅料的生产加工，家庭工厂逐渐发展到几千家，大部分是前店后厂的经营方式。

第三阶段：市场突破发展阶段（1986—1992）。1986年永嘉县工商局和桥头镇政府牵头，先后集资建造两栋纽扣交易大楼，市场规模空前壮大，市场交易高度繁荣。市场的进一步扩大促进了纽扣生产和相关的拉链、装饰品、钟表、鞋革等产品的生产和经营，桥头市场从单一的商

---

① 此案例来自于符贵兴的一篇没有发表的文章《产业集群：经济功效、形成路径与政府培育》，这篇文章在网上流行很广，可以在Google或Baidu上搜索得到。

贸经济逐步向工贸经济过渡。同时，纽扣市场网络不断完善，1 200 多名桥头商人在全国 200 多个大中城市承包了 7 000 多个市场或柜台。

至此，桥头镇的纽扣产业集群已经形成并在其后的时间不断发展。目前桥头镇的纽扣和拉链的产销量分别占全国总产销总量的 75% 和 85% 以上，并扩展到欧美和东南亚的二十多个国家和地区。

2.3　工业品需求结构分析

20 世纪 60 年代中期以来发展中国家需求结构的变动，除低收入国家有所差异之外，总的趋势大体相似，都是消费率下降而投资率上升，净进口比重逐步降低。低收入国家的消费率回升和净进口比重提高，大概与统计上的收入水平分组变动和年度汇率变动有一定关系。

郭克莎（2000）认为，20 世纪 60 年代中期以来发展中国家的需求结构变动具有两个特点：

第一，在人均收入水平上升的过程中，消费率下降幅度较小，投资率上升较慢，净进口比重下降较快，因而在发展中国家的实际需求结构中，消费率相对较高，投资率较低，净进口比重也明显较低。

第二，与人均收入水平的变动相比，消费率趋于稳定以至回升的转折点来得较快。一般模式中消费率趋于稳定的转折点是在人均收入 4 000 美元以后，而发展中国家的实际需求结构变动中，当人均收入接近 2 000 美元时，私人消费率就趋于稳定，政府消费率继续上升，总的消费率由下降转为稳定和回升。这个特点在上中等收入国家中表现得很明显（在高收入国家中更加突出）。相应地，投资率在较低的水平上（24%）就由上升转为稳定（高收入国家则逐步下降），净出口比重也由负数转为正数（上中等收入国家在人均收入水平不够 2000 美元时，净出口比重已达到 2 个百分点）。

下面将需求分类，分别进行分析。

2.3.1　国内需求与国外需求

一国国内需求与其国际贸易（国外需求）格局之间的关系问题，无论是理论界还是政策的制定者，虽然一直没有受到应有的重视，但仍然有一些学者在关注这一问题。林德第一个从需求角度考察了国际贸易的产生，于 1961 年提出了偏好相似理论（perference similarity thesis），该理论从需求角度对发达国家之间的"北—北"贸易和行业内贸易作了解释，从另一个角度推动了新国际理论的发展，偏好相似理论是建立在三个基本命题之上的。

首先，一种产品的国内需求是其能够出口的前提条件。企业之所以生产某一产品是因为消费者对该产品有需求，为了满足国内市场，生产者会不断改进技术、扩大产量，结果当产量增加的速度超过了国内需求增长的速度时，生产者才会想到扩大销售市场，将产品出口以赚取利润。所以，企业不可能去生产一个国内不存在需求的产品。它对国外市场不可能像对国内市场那样熟悉。另外，企业的技术改进、新产品推出也是基于国内消费的信息反馈。出口只是产品国内生产和销售的延伸。

其次，两个国家的消费偏好越相似，则其需求结构也越接近，或者说需求结构的重叠部分越大。这样，一个国家生产很容易与另一个国家的需求相适应，两国之间开展贸易的可能性就越大，贸易量也就越大。

最后，也是最重要的一个命题，即影响一国需求结构的最主要因素是平均收入水平。不同收入水平的国家，其需求结构是不同的。高收入国家对技术水平高、加工程度深、价值较大的高档商品的需求较大，而低收入国家则以低档商品的消费为主以满足基本生活需求。所以，平均收入水平可以作为能够衡量两国需求结构或偏好相似程度的指标。故两国的人均收入水平越接近，其需求结构也越相似，相互需求就越大，从而两国的贸易量也就越大。

以这三个命题为基础，林德认为国家和地区之间的国内需求的不同是国际贸易的重要决定因素，一国将出口那些国内需求规模大的产品。他认为，企业一般对国内的市场机会更为敏感，发明、创新也往往由国内市场没能解决的问题所激发。同时，对新产品的不断改进只有在被国内消费者接受的情况下，才能使成本显著降低，使其具有国际竞争优势。

波特（1980）认为，国内需求是影响产业竞争力的重要因素，国内需求的重要性是国外需求所取代不了的，而且国内需求对产业竞争力最重要的影响是通过国内买方的结构和买方的性质实现的。如果一国的买方需求领先于他国，则一国的产业就能获得竞争优势，因为国内领先需求使企业意识到国际需求的到来，并开发出新产品满足这些需求，促进产业升级。此外，老练的、挑剔的买方也是影响产业竞争力的因素，因为他们的存在会给国内企业施加压力，促使其在产品质量、性能和服务等方面建立起高标准。

罗尔夫·韦特（1996）根据林德和波特等学者关于国内需求对国际贸易具有重要影响这一思路，从静态和动态的角度，就影响国际贸易的国内需求特征，分别从水平构成和层次构成两个方面进行了理论和实证分析。罗尔夫·韦特指出，就国内需求的水平构成（指某一工业中不同种类商品的需求的相对规模）来说，从静态的角度来看，在生产上具有规模收益递增特征的产品，或要求通过研究与开发投资进行创新的产品，那些国内需求规模相对较大的国家将因为拥有相对的成本优势而在国际贸易中具有竞争优势；从动态的角度来看，那些国内需求增长率较快的产品，将会因此促使厂商采用新技术，更快地更新设备，从而使其具有较强的竞争优势，并且这种由国内需求规模形成的国际比较优势将会通过国际贸易而得到加强。

国内需求的层次结构是指某一工业内不同质量产品的相对的需求规模。一般来说，消费者喜欢的是高质量的产品，但高质量产品的价格一般也较高，只有高收入家庭才能大量购买，低收入家庭只能选择低质量的产品。这就从国内需求的层次结构方面，从静态的角度，说明了发达国家与发展中国家在产品质量层次上的贸易格局，即发达国家出口高质量的产品而从发展中国家进口低质量产品的贸易格局，发展中国家则与此相反；从动态的角度来看，消费者之间在消费水平上的相互攀比而形成的消费竞争和消费者不断地对高质量的新产品的追求，将对企业提供的产品和服务提出更高的质量要求，这既为企业不断进行创新提供了重要的信息来源，又促使国内企业在国内消费者的质量要求的压力下保持竞争优势。

2.3.2　消费需求、投资需求与出口需求

按支出法计算的国内生产总值，由最终消费（包括居民消费和政府消费）、资本形成（包括固定资本形成和存货增加）及净出口（在地区核算中还要计算地区间货物和服务的流出流入差额）三部分组成，即消费需求、投资需求和出口需求，这三部分一般称为最终需求。GDP 的增长是由最终需求拉动的，即通常所说的拉动经济增长的"三驾马车"。

在经济学理论中，一般认为消费需求与投资需求是相互对立的关系，要想增加投资，就必须增加储蓄，而增加储蓄势必减少消费，因此，一国为了加速经济增长，就必须大力提倡节俭，增加投资，如刘易斯提出在二元经济中，收入分配应向储蓄阶层倾斜，以加速资本积累，扩大投资，而工人仅以最低的维持生计工资，全部用于消费；当工业化进程中出现过剩经济时，学者们又开始考虑需求不足问题，主张收入分配向工人倾斜，刺激消费，减少投资。从表面上看，消费与投资确实存在此消彼长的关系。但是，消费与投资需求并非完全对立，两者又存在内在联系，投资需求的扩大，就会引起生产的扩大；生产扩大，就会引起消费品数量的增加；消费品数量的增加，引起商品供大于求、商品价格下降；商品价格下降，就会引起消费需求增加。消费需求的扩大，就会引起商品求大于供、价格上升；商品价格上升，就会引起刺激生产扩大；生产扩大，就会引起投资需求增加。

投资需求引起消费需求增长，其主要原因在于伴随固定资产投资的增加，剩余劳动就业增加导致劳动者报酬增加，刺激消费需求增长。显然，同样的投资需求，对消费需求的贡献不同，如果一定量的资本投入，吸纳剩余劳动较多，即工业化采用劳动密集型技术，消费需求将较快地增长，实际上，随着劳动就业量的增加，也将影响收入分配的改善（张平，1998），从而对消费需求产生不同的影响。我国处在二元经济转型时期，大量农村人口收入水平低下，边际消费倾向极高，由农村居民转向工业部门就业是解决消费需求不足的根本途径。

出口需求同消费需求都是需求的组成部分，当国内市场需求不足

时，出口需求起到重要的补充作用，从而部分缓解生产过剩问题。

第一，出口需求是否拉动就业增长。按照国际贸易比较优势原理，发展中国家工业制成品出口主要得益于二元经济条件下，丰富廉价劳动力所带来的低成本优势，从而使劳动密集型产品能在国际市场上具有足够的竞争力，大量劳动密集型产业的发展促进了剩余劳力的就业增长，亚洲"四小龙"出口导向型经济的成功，表明通过比较优势的发挥，出口需求对剩余劳力转移做出了重要贡献，进而推动了当地居民收入水平的提高及居民消费增长；20世纪90年代以来，我国工业制成品出口有了较大幅度的增长，吸纳了我国大量农村剩余劳动力，从外商投资企业来看，我国商品出口总额增长很大程度上是由外商投资企业的出口增长所带动，1998年外商投资企业出口额占中国出口总额的比重达44.1%（贺力平，2000），而据国务院发展研究中心《吸收外资的产业结构升级效应及其影响机制分析》一文，在外商投资行业中，偏向指数比较高的行业全部集中在劳动密集型产业。

第二，出口需求是否改善收入分配。总体来说，工业制成品出口需求有利于劳动密集型产业发展，出口需求的收益者主要是中低收入者，从而可改善居民收入分配，促进国内工业品市场规模；但如果出口需求（如与某国特殊资源相联系的出口或资本技术密集型产品出口）带来的收入有可能流入对国内产品消费倾向较低的高收入者，那么，收入分配的结果自然有利于对进口商品的需求而不是提高对国内产品的需求。《1986年世界发展报告》中指出，80年代尼日利亚石油出口的迅速增加导致了经济作物出口的萎缩（实际汇率升值导致经济作物出口下降），结果石油出口的增长反而减缓了本国工业化的进程，其原因是，与经济作物出口相比，石油出口所得的利益只是分配到少数富人手中；Murphy等（1989）引用了哥伦比亚19世纪下半叶工业化的案例：19世纪五六十年代，哥伦比亚大量出口烟草，但并未能推动工业化进程，而1880—1915年哥伦比亚大量出口咖啡，却带来了迅速的工业化，其原因在于：烟草技术上适合大的种植园，出口收入主要流向少数种植园主，他们消费进口奢侈品；咖啡适合小规模家庭耕种，其出口收入流向大量农民，因而带动大量的国内工业制成品消费需求，国内市场规模的扩大，支撑了哥伦比亚 19 世纪末期的工业化。

2.4 小结

以上是从需求角度对一国经济增长和产业发展已有理论的一个简单回顾。现实中，市场的均衡过程就是需求和供给这两种相反的力量共同作用的结果。供给或者需求面在产品或产业成长中都具有着极其重要的作用和意义。但是，开放背景下，在发展中国家中，需求面的意义却更为重要。譬如，John Matthews（2003）认为，对于处于贫困线附近的广大劳动人群而言，他们仅有的能力只是购买基本的生存资料，原先普遍存在于外围国家的观点，即认为后发国家仅靠自己的国内市场就能启动工业化的命题，已经遭到了巨大的挑战。事实证明，其国内市场对于推动产业转型和经济起飞是远远不够的。

作为发展中国家的中国也毫无例外，洪银兴（1997，1998）、韩文秀（1998）认为，随着过剩经济的出现，我国买方市场逐渐成为市场经济常态。市场需求对于经济增长的约束变得越来越突出。王检贵（2002）从消费需求梗阻、投资需求梗阻和出口需求梗阻角度进行了梳理；他还将我国宏观经济运行的核心问题归结为"劳动与资本双重过剩"，也就是"劳动力剩余条件下的有效需求不足问题"。在我国，内需的不足更多的是靠外需来弥补的。

1994 年以来长期单边持续大规模的贸易顺差既说明了我国对外开放程度的不断提高和中国经济日益融入全球经济的现实，也能够反映出我国出口产品全球市场竞争力的增强。中国的迅速发展离不开外向型发展战略，出口在我国经济增长中的作用是有目共睹的，这是毋容置疑的，出口在拉动我国经济增长中起到了巨大的作用。譬如，林毅夫、李永军（2002）发现，在 20 世纪 90 年代国内生产总值对出口变动的弹性系数在 0.1 左右（平均值 0.105），即出口每增长 10%可以促进国内生产总值增长将近 1 个百分点，而该弹性的数值在 20 世纪 80 年代则相对较低。沈利生（2009）对我国 2002—2006 年的测算结果表明，在国内最终产品的三驾马车中，消费的增长率远低于投资、出口的增长率。在每年的 GDP 增量中，由消费拉动的增加值增量所做的贡献最低，只有20%多；投资拉动的增加值增量所做的贡献保持在30%左右，出口拉动的增加值增量所做的贡献最大，达45%左右。这说明，三驾马车的三匹马在拉动 GDP 增长的过程中，消费的拉动力较小，主要是依靠投资和出口拉动力的增长。

　　然而，在上述文献回顾中，有些问题却始终被理论界所忽略，或者更准确地说并没有受到应有的重视。根据结构主义观点，经济增长的核心是产业结构演变。那么，需求因素在一国产业发展中到底扮演着一个什么样的角色？内需和外需在其中是否有着本质的区别？另外，这种出口导向型发展战略使我国产业结构发生了什么样的转变？而这种模式的产业结构又会对我国经济的可持续发展带来什么样的影响？全球金融危机已经演化为经济危机，这使得我国发展的外部环境受到了严重制约，从需求角度对我国产业发展现状进行分析有利于我们更好地去把握我国现在所处的位置，更好地为供给侧改革提供支撑。

3 需求约束与产业演化：理论分析

3.1 引言

关于产业结构如何升级的问题，众多的学者和专家都将矛头指向了技术创新。譬如，约瑟夫·熊彼特（Joseph A. Schumpeter，1926）在《经济发展理论》中，首次提出了创新理论，并在《资本主义、社会主义与民主》（1942）中，又进一步突出强调了创新对产业"创造性破坏"的作用。他认为竞争的本质不再是价格的竞争，而是创新的竞争。我国学者傅家骥（1998）[①]在他的《技术创新学》中认为，在影响产业升级和结构转换的主要因素中，技术创新是核心因素，并断言："没有技术创新，就没有产业结构的演变；没有产业结构的演变就没有经济的持久增长。"

Romer（1990）在其经典研究《内生技术变迁》一文中有一个重要的前提假设，即新技术的产生主要是在市场利益的驱动下，追求新技术

---

① 傅家骥. 技术创新学 [M]. 北京：清华大学出版社，1998.

之最终盈利的结果，新技术的生产量是由新技术的市场供给和市场需求共同决定的。这告诉我们，关于一国技术创新能力形成的研究可以从两个角度来展开，一是从"供给推动"的视角进行，另一个是从"需求拉动"的视角进行。"供给推动"假说认为，技术创新活动是由来自于影响供给方面的诸如科学知识的发现、技术被发现的概率、研发人员、研发机构的效率、大规模推广创新技术的成本等因素决定的（Rosenberg，1974；Dosi，1988）。在"供给推动"假说看来，市场只是被看做研究开发成果的被动接受者，因此，该假设表明"更多的研究开发投入"意味着"更多的创新产出"；"需求拉动"假说认为，专利活动，也就是发明活动，与其他经济活动一样，基本上是追求利润的经济活动，它受市场需求的引导和制约。换言之，在刺激发明活动方面，需求比知识进步更重要（J.Schmookler，1966），销售规模和可盈利性的变化刺激了研发投入（Judd，1985）。

目前世界上发达国家 R&D 经费投入占 GDP 的比重在 2.5% ~ 3%，而发展中国家则在 1% ~ 2%。比较而言，直到 2005 年我国研发投入比重为才达到 1.34%，仅相当于发展中国家平均水平，而在此期间，我国经济却保持了高速的增长态势。林毅夫（2005）认为，现今的发展经济学并不能解决发展中国家如何追赶发达国家的问题，他提出了一个问题，即"技术研发投入的增加为什么不能带来经济的增长？"因此，技术创新的"供给推动"假说并不能说明世界上众多的国家不尽可能多地把资源配置到技术创新部门（范红忠，2007）。北京大学创新研究院院长卢志扬（2009）[①]认为，不是每个创新都需要高科技，创新是发现真正市场需求的一种思维方式。创新真正的战场是市场，不是实验室。

在全球化背景下，国内需求对于本国技术创新和产业升级的论述更多的是从国内需求对国际贸易的影响方面展开的。林德第一个从需求角度考察了国际贸易的产生，于 1961 年提出了偏好相似理论（perference similarity thesis），最重要的一个命题，即影响一国需求结构的最主要因

---

① 根据财经网 2009 年 3 月 31 日相关内容整理得来。

素是平均收入水平。不同收入水平的国家，其需求结构是不同的。高收入国家对技术水平高、加工程度深、价值较大的高档商品的需求较大，而低收入国家则以低档商品的消费为主以满足基本生活需求。所以，平均收入水平可以作为能够衡量两国需求结构或偏好相似程度的指标。故两国的人均收入水平越接近，其需求结构也越相似，相互需求就越大，从而两国的贸易量也就越大。林德认为国家和地区之间的国内需求的不同是国际贸易的重要决定因素，一国将出口那些国内需求规模大的产品。他认为，企业一般对国内的市场机会更为敏感，发明、创新也往往由国内市场没能解决的问题所激发。同时，对新产品的不断改进只有在被国内消费者接受的情况下，才能使成本显著降低，使其具有国际竞争优势。

波特在他的《国家竞争优势》一书中指出，对一国竞争优势具有决定意义的因素是要素禀赋、国内的需求状况、相关产业和辅助产业以及公司的策略、结构和竞争四大因素，即波特关于国家竞争优势的"钻石"模型。在波特的模型中特别强调国内需求在提高一国竞争优势中所发挥的作用。波特认为，厂商一般对与它们最接近的消费者的需求最为敏感，因此，国内需求的特点对于国内产品特征的形成和促进创新以及质量的提高尤为重要。同时，他还指出，如果一个国家的消费者精明而挑剔，这样的消费者可给国内厂商带来压力，迫使它们满足消费者对产品质量更高的要求，并生产出创新产品。

罗尔夫·韦特根据林德和波特等学者关于国内需求对国际贸易具有重要影响这一思路，从静态和动态的角度，就影响国际贸易的国内需求特征，分别从水平构成和层次构成两个方面进行了理论和实证分析。罗尔夫·韦特指出，就国内需求的水平构成（指某一工业中不同种类商品的需求的相对规模）来说，从静态的角度来看，在生产上具有规模收益递增特征的产品，或要求通过研究与开发投资进行创新的产品，那些国内需求规模相对较大的国家将因为拥有相对的成本优势而在国际贸易中具有竞争优势；从动态的角度来看，那些国内需求增长率较快的产品，将会因此促使厂商采用新技术，更快地更新设备，从而使其具有较强的竞争优势，并且这种由国内需求规模形成的国际比较优势将会通过国际贸易而得到加强。

另外，Kaldor（1984）认为："在各种需求迅速膨胀的环境中，是那些庞大的、通常跨国的企业之间的竞争推动了技术的快速进步，这种技术进步是市场成长的原因和反映。"日本著名技术经济学家斋藤优（1996）在技术创新研究中提出了"NR 关系理论"，即需求（need）与资源（resources）关系假说。该理论认为，只有需求才能创造发明新产品、新技术的契机。需求往往会引起技术开发主体的关注，促使他们决定开发什么新产品、新技术，应该筹措何种技术开发资源等，并驱使研究主体进行研究开发。Utterback（1999）的实证研究表明，60% ~ 80% 的重要创新都是受需求拉动而产生与扩张的。Madrick（2003）认为，国内市场，包括国内贸易以及跨境贸易，提供了大规模商品生产的可能性，创造出对服务业特别是那些与货物交易相关的通信、运输、批发和零售服务的强大需求，并且刺激了新产品和新技术创造的积极性。交流与贸易不断带动丰富的创意和信息的出现。Zweimuller and Brunner（2005）认为，对于一个高速增长的市场需求空间来说，可以不需借助于外部市场的需求，而通过本土市场需求，内在地培育出其本土企业的高级要素发展的能力，这被称为"需求所引致的创新"。

Lucas（1988）在其经典论文《论经济发展的机制》中，通过把学习视作以固定速度发生于一组固定产品之上的"干中学"学习机制，认为各国通过从事自身擅长生产积累技术，加强他们的初始比较优势。因此，初始生产方式将被锁定在合适的位置，且各国的增长率保持不变但彼此各不相同。但是，与此同时，他也认识到了其模型所存在的局限性。他认为影响经济增长的另一种相反力量与需求结构有关，重要商品的需求收入弹性是大不相同的，随着时间的流逝，这种力量将通过生产其他商品而创造出新的比较优势，从而改变世界的生产方式和增长率。此外，卢卡斯认为另一种重要的力量与新产品的不断引入及对旧产品学习的效率下降有关。本章通过对需求因素的引入发现，卢卡斯认为的影响经济增长的其他两种力量恰好能够在其中得到体现，我们完全可以将需求结构因素与旧产品的学习效率下降同时纳入到同一个模型中进行分析，这也正是我们建模的原则，而且本章认为，这也更符合对现实的描述。本章正是从需求角度入手，研究需求约束对技术创新和产业演化的重要性。

本章的后续内容安排如下：第二部分是在经济增长中引入了需求因素，说明在一种产品或产业需求空间受到约束的情况下其相应的演化状况；第三部分探讨在新旧产业共同存在的条件下产业演化的各种可能性；第四部分探讨在开放条件下，后发国家与发达国家对同一产业的争夺状况，并对后发国家如何能够实现其产业升级进行了分析；最后一部分得出简要的结论，并指出了其对我国现实的指导意义。

3.2 理论模型

3.2.1 模型建立

假设产品是用下面的生产函数进行生产的：

$$Y(t) = A(t)L(t) \tag{3-1}$$

劳动和技术分别按以下形式增长：

$$\dot{L}(t) = 0 \quad ^{①} \tag{3-2}$$

$$\dot{A}(t) = \gamma A(t)^{\alpha}(N - Y(t))^{\beta} \tag{3-3}$$

（3-1）~（3-3）式中 Y（t）、L（t）、A（t）、N 分别表示产品的产出水平、劳动力人数、技术水平以及需求空间，而系数 γ 则与产品技术水平的变化率密切相关；变量上方的点符号表示该变量的增量，亦即其对时间的导数；α、β 为大于 0 的常数。

（3-3）式表示技术进步率的方程，这是本章的一个重要假设，与 Krugman（1985）、Lucas（1988）等人的假设不同，他们认为随着产品生产的不断增加其技术进步水平也将不断提高。而本章认为，随着某种产品生产的不断增加，人们的收入水平将得到提高，而与此同时人们的

---

① 如果 $\dot{L}(t) \neq 0$，那么需求空间将不会达到饱和，需求空间将会随着劳动力数量的增长而增长。由于本章研究的重点是在需求空间受到约束情况下产业结构的演变状况，因此在这里令 $\dot{L}(t) = 0$。另外，这个假设并不影响本章的主要结论，而仅仅使问题分析方便。

需求结构[①]也将发生相应的变化，人们对于某种产品的需求最终会达到饱和，因此当产品的生产逐渐达到需求空间的上限时，技术进步将会停止。N 被称为饱和参数，在这里是一个外生变量，通常饱和参数 N 的大小是与人们的需求收入弹性密切相关的，对一种产品的需求收入弹性越大，那么其需求空间也越大，其饱和水平也越高，需求空间扩展的越快，那么该产品技术进步的能力将会越高。

由于不同的市场结构对于企业技术创新的激励不同，因此，在进一步研究之前，我们有必要对市场结构作一说明。Romer（1990）经典文献的一个关键特点是它引入了中间产品环节的不完全竞争和垄断租金，这不仅使得规模报酬递增问题能够用一个均衡的经济增长模型来处理，而且也允许了企业能够从事旨在创造新知识的有意识的研究活动，从而能够为进行成功的创新得到垄断租金的补偿做了保证。Aghion 和 Howitt（1992）也有类似的看法，他们认为，在无政府干预或完全竞争的情况下，创新规模往往太小，原因就在于，由于研发的外部效应，创新者的市场份额容易被模仿者所挤占。所以，为了保证企业能够对潜在的市场空间作出快速反应而进行技术创新，本章在这里同样假设企业所处的市场结构为不完全竞争性质的[②]。

从（3-3）式可以看出，本章所假设的技术进步率与需求空间的饱和程度密切相关。对（3-3）式两边同除以 A，得到：

$$\frac{\dot{A}}{A} = \gamma A^{\alpha-1}(N-Y)^{\beta} \tag{3-4}$$

为了简化对问题的分析，本章在这里假设 $\alpha=1$，$\beta=1$[③]，那么（3-4）式可以转换为：

$$\frac{\dot{A}}{A} = \gamma(N-Y) \tag{3-5}$$

对生产函数（3-1）式进行全微分得到：

---

① 对于需求结构的划分有不同的方法，但要表达的意思是完全一致的。譬如，恩格斯将人们的需要划分为三个层次，即生存需要、享受需要以及发展需要。每一层次又包含了对同属一个需要层次的不同商品的需要。因此，需求结构就是按照人们需要等级的先后次序排列的有机构成。需求结构是与人们的收入水平紧密相关的，这一基本特征是建立在恩格尔法则基础上的。
② AGHION PHILIPPE, PETER HOWITT. A model of growth through creative destruction [J]. Econometrica, March 1992, 60 (2): 323-351.
③ 其实只要 β>0，α≥1，那么其得出的结论将与本章的简单假设 α=1，β=1 是基本一致的，本章为了简单起见在这里用特殊值来表示。

$$\frac{\dot{Y}(t)}{Y(t)} = \frac{\dot{A}(t)}{A(t)} + \frac{\dot{L}(t)}{L(t)}$$

将（3-2）式带入得到：

$$\frac{\dot{Y}(t)}{Y(t)} = \frac{\dot{A}(t)}{A(t)} = \frac{\dot{y}(t)}{y(t)} \tag{3-6}$$

从（3-6）式可以看出，总产出的增长率等于技术进步的增长率也等于人均产出的增长率。也就是说，产品的技术水平和人均产出与产品产量的增长速度保持一致。

将（3-5）式带入到（3-6）式中得到：

$$\frac{\dot{Y}(t)}{Y(t)} = \gamma(N - Y(t)) \tag{3-7}$$

对（3-7）式进行整理得到：

$$\frac{dY}{dt} = \gamma(N - Y(t))Y(t) \tag{3-8}$$

（3-8）式很明显是一个逻辑斯蒂方程。该式表明，产量的增长速度 $\frac{dY(t)}{dt}$ 是与两个因子成比例的。一个因子是 $(N - Y)$ ，它随着产量的不断增长逐渐减少，原因在于随着人均收入水平的不断提高，人们的需求结构将会发生改变，对于低层次的产品的需求收入弹性会逐渐减少，直到产品的需求空间达到饱和，故可以称之为减速因子；另一个因子是产量 $Y(t)$ ， $Y(t)$ 随着时间的变化而增长，原因在于产品的产出越多，人们积累的技术水平将会越高，产品的生产效率肯定会更高，故称其为动态因子。另外， γ 越大表明产品越先进或者是生产产品的效率越高。

对（3-8）式进行分离变量：

$$(\frac{1}{Y(t)} + \frac{1}{N - Y(t)})dY = \gamma N dt$$

两边积分并整理得：

$$Y(t) = \frac{N}{1 + Ce^{-\gamma Nt}} \tag{3-9}$$

对 $Y(t)$ 求一阶、两阶导数：

$$Y'(t) = \frac{CN^2\gamma e^{-\gamma Nt}}{(1 + Ce^{-\gamma Nt})^2} , \quad Y''(t) = \frac{CN^3\gamma^2 e^{-\gamma Nt}(Ce^{-\gamma Nt} - 1)}{(1 + Ce^{-\gamma Nt})^3}$$

容易看出， $Y'(t) > 0$ ，即 $Y(t)$ 单调增加。

由 $Y''(t) = 0$ ，可以得出 $Ce^{-\gamma Nt_0} = 1$ ，此时 $Y(t_0) = \dfrac{N}{2}$ 。

当 $t < t_0$ 时， $Y''(t) > 0$ ， $Y'(t) > 0$ 单调增加，而当 $t > t_0$ 时， $Y''(t) < 0$ ， $Y'(t)$ 单调减小。

很明显， $\lim\limits_{x \to \infty} Y(t) = N$ 。

由此可以看出，当 $Y = \dfrac{N}{2}$ 时，产品的变化率最大为 $\dfrac{\gamma N^2}{4}$ ，在此阶段产量的增长速度达到最大；当 $Y = N$ 时，产品的变化率最小为 0，在此阶段产量的增长停滞，如图 3-1 所示。

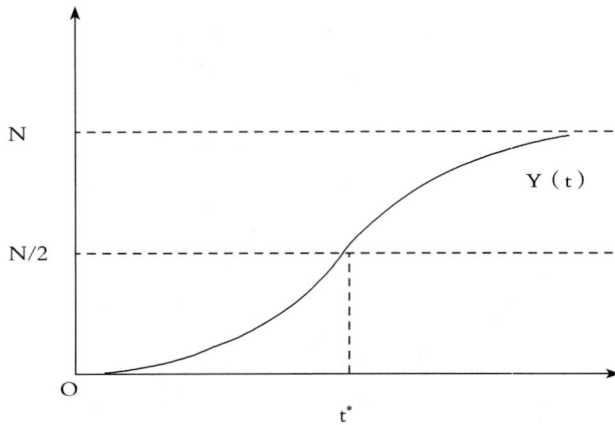

图 3-1　需求约束下产品扩散的特点

由图 3-1 可以看出，在 t 之前，该产品经过一段时间的酝酿期之后，产品的增长进入了一个爆炸期和产品技术迅速增长的时期，伴随着市场扩展与技术进步，该产业走向繁荣；在 t 之后，产品的高速增长得以继续，但是在此阶段，产品的需求空间逐渐达到饱和，产品技术水平的增长也逐渐放慢。在这个时候，作为经济增长引擎的主导产业开始遭遇市场饱和、产品收益递减的困境。这说明了产业已经接近成熟，主导产业增长的动力逐渐衰竭。而实际上，本章上面的理论描述与现实中产品或部门产出的变化也是非常一致的，如图 3-2 所示可以显而易见地看到这一点。

在图 3-2 中，除了 1952 年开始的录像机（VCR）被其他产品取代以及 1975 年开始的个人电脑（PC）、1975 年开始的因特网（internet）的走

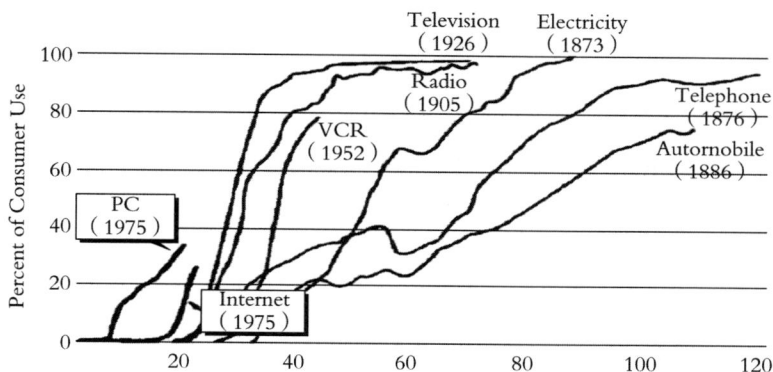

图 3-2　主要消费品的演化特点

资料来源　Hiroshi YOSHIKAWA.The Role of Demand in Economic Growth [R]. RIETI- 21st Century COE Hi- Stat Program Workshop & RIETI Policy Symposium，July 25，2006.

势尚未完成之外，其他的，譬如 1926 年就开始的电视机（television）、1905 年开始的无线电（radio）、1873 年开始的电（electrcity）、1876 年开始的电话（telephone）以及 1886 年开始的汽车（automobile）产品的扩散基本上都经历了一个 S 形线的扩张过程。

逻辑斯蒂曲线有着变化的规模报酬率（先递增而后递减）。由产量方程（3-9）式的一阶导数可以看出，当 $Y(t) < N$ 时，$Y'(t) > 0$，即 $Y(t)$ 单调增加。逻辑斯蒂曲线的拐点是 $Y(t) = N/2$，该拐点的二阶导数 $Y''(t) = 0$。当 $0 < Y(t) < \dfrac{N}{2}$ 时，$Y''(t) > 0$，产出的增长为规模报酬递增，而当 $Y(t) > \dfrac{N}{2}$ 时，$Y''(t) < 0$，产出的增长为规模报酬递减。

3.2.2　模型含义的延伸

具体说来，当经济中主导产业所面临的市场空间受到限制的时候，企业的生产率、利润以及经济增长就会受到严重的威胁。当主导产业部门增长减速时，如果没有出现另一高速增长的部门，即没有实行结构转换或结构成长，那么总产值和人均产值就必然会出现增长减速直到最终停滞。通过观察，我们发现事实并不如此，原因就在于：根据恩格尔定律，人们的需求结构是与其人均收入水平密切相关的，随着人均收入水平的不断增加，人们的需求结构会逐步得到提升。从需求结构与产业结构的相关关系中可以看出：一国的人均收入水平决定着需求结构状态，进而会影响到产业结构的变动。因此，当一个产业在一个国家兴起时，随着产品产量的增加人们的收入水平将会得到提高，当产品的需求空间逐渐达到饱和时，人们的收入水平也将上升得越来越缓慢。但是，在这个过程中，由于人均收入水平的提高，需求结构也逐渐发生改变，人们将会追求更高质量、更高层次的商品，并且新产品的市场需求空间也会更大。在不完全竞争假设下，市场潜在需求越大，企业就越有动力进行技术创新，新的产品越容易出现，率先进行技术创新的企业就越容易占据市场，其潜在的盈利空间也越大，这又会进一步推动企业技术创新和采用新技术的热情。这样，一个新的循环过程将会重新展开。

3.3 需求约束下的产业演化分析

3.3.1 模型的扩展

本章接下来对多个产业共存情况下的产业演化与经济增长状况进行研究，为了简单起见，本章在这里假设有两种类型的产品。

$$Y_i(t) = A_i(t)L_i(t) \quad i = 1,2 \tag{3-10}$$

$$L_1(t) + L_2(t) = L(t) \tag{3-11}$$

$$\dot{L}(t) = 0 \tag{3-12}$$

$$\frac{\dot{A}_i(t)}{A_i(t)} = \gamma_i(N_i - Y_i(t)) \quad i = 1,2 \tag{3-13}$$

$Y_i(t)$、$L_i(t)$、$A_i(t)$、N_i分别表示各种产品的产出水平、劳动力人数、技术水平以及需求空间；而系数γ_i则与产品技术水平的变化率密切相关；变量上方的点符号表示该变量的增量，亦即其对时间的导数；α、β为大于0的常数。经过与第二部分相似的处理过程，两种产品构成的产业演化系统就可以由下述的方程组来描述：

$$\begin{cases} \dfrac{dY_1}{dt} = \gamma_1(N_1 - Y_1)Y_1 \\ \dfrac{dY_2}{dt} = \gamma_2(N_2 - Y_2)Y_2 \end{cases} \tag{3-14}$$

如果两种产品之间具有某种程度的替代性，假设替代率为 λ（$0 < \lambda < 1$），那么（3-14）式就可以重新改写为：

$$\begin{cases} \dfrac{dY_1}{dt} = \gamma_1(N_1 - Y_1 - \lambda Y_2)Y_1 \\ \dfrac{dY_2}{dt} = \gamma_2(N_2 - Y_2 - \lambda Y_1)Y_2 \end{cases} \tag{3-15}$$

由（3-15）式所描述的系统可以求出四个不动点，它们是：

$Y_1 = 0, Y_2 = 0$ ；　$Y_1 = N_1, Y_2 = 0$ ；　$Y_1 = 0, Y_2 = N_2$

以及两个产业共存时的不动点：

$$Y_1 = \frac{N_1 - \lambda N_2}{1 - \lambda^2} , \quad Y_2 = \frac{N_2 - \lambda N_1}{1 - \lambda^2}$$

联立方程（3-15）式的雅可比矩阵为：

$$B = \begin{pmatrix} \gamma_1(N_1 - 2Y_1 - \lambda Y_2) & -\gamma_1 \lambda Y_1 \\ -\gamma_2 \lambda Y_2 & \gamma_2(N_2 - 2Y_2 - \lambda Y_1) \end{pmatrix} \tag{3-16}$$

下面本章将对这四个不动点做稳定性分析：

（0，0）点：$B = \begin{pmatrix} \gamma_1 N_1 & 0 \\ 0 & \gamma_2 N_2 \end{pmatrix}$

方程的两个特征根分别为：

$$\omega_1 = \gamma_1 N_1 > 0 , \quad \omega_2 = \gamma_2 N_2 > 0 \tag{3-17}$$

两个特征根都是正实数，在这种情况下（0，0）点是不稳定点。

（N_1，0）点：$B = \begin{pmatrix} -\gamma_1 N_1 & -\gamma_1 \lambda N_1 \\ 0 & \gamma_2(N_2 - \lambda N_1) \end{pmatrix}$

方程的两个特征根分别为：

$$\omega_1 = -\gamma_1 N_1 < 0 , \quad \omega_2 = \gamma_2(N_2 - \lambda N_1) \tag{3-18}$$

如果 $\lambda < \dfrac{N_2}{N_1}$，则 $\omega_2 > 0$，在这种情况下（N_1，0）点是鞍点路径稳定点。

如果 $\lambda > \dfrac{N_2}{N_1}$，则 $\omega_2 < 0$，在这种情况下（N_1，0）点是全局稳定点。

（0，N_2）点：$B = \begin{pmatrix} \gamma_1(N_1 - \lambda N_2) & 0 \\ -\gamma_2 \lambda N_2 & -\gamma_2 N_2 \end{pmatrix}$

方程的两个特征根分别为：

$$\omega_1 = \gamma_1(N_1 - \lambda N_2)\,, \quad \omega_2 = -\gamma_2 N_2 < 0 \tag{3-19}$$

如果 $\lambda < \dfrac{N_1}{N_2}$，则 $\omega_1 > 0$，在这种情况下（0，N_2）是鞍点路径稳定点。

如果 $\lambda > \dfrac{N_1}{N_2}$，则 $\omega_1 < 0$，在这种情况下（0，N_2）是全局稳定点。

$(\dfrac{N_1 - \lambda N_2}{1 - \lambda^2}, \dfrac{N_2 - \lambda N_1}{1 - \lambda^2})$ 点：

$$B = \begin{pmatrix} \dfrac{-\gamma_1(N_1 - \lambda N_2)}{1 - \lambda^2} & \dfrac{-\gamma_1 \lambda(N_1 - \lambda N_2)}{1 - \lambda^2} \\ \dfrac{-\gamma_2 \lambda(N_2 - \lambda N_1)}{1 - \lambda^2} & \dfrac{-\gamma_2(N_2 - \lambda N_1)}{1 - \lambda^2} \end{pmatrix}$$

方程的两个特征根分别为：

$$\omega_1 = \frac{\tau + \sqrt{\tau^2 - 4\Delta}}{2}\,, \quad \omega_2 = \frac{\tau - \sqrt{\tau^2 - 4\Delta}}{2} \tag{3-20}$$

其中，$\tau = \dfrac{-\gamma_1(N_1 - \lambda N_2) - \gamma_2(N_2 - \lambda N_1)}{1 - \lambda^2}$，$\Delta = \dfrac{\gamma_1 \gamma_2(N_1 - \lambda N_2)(N_2 - \lambda N_1)}{1 - \lambda^2}$

如果 $N_1 > \lambda N_2$，$N_2 > \lambda N_1$，也就是说 $\lambda < \dfrac{N_2}{N_1} < \dfrac{1}{\lambda}$。在这种情况下，很明显只有 $0 < \lambda < 1$，该式才能够成立。则 $\tau < 0$，$\Delta > 0$，因此，方程的特征根 $\omega_1 < 0$、$\omega_2 < 0$。在这种情况下 $(\dfrac{N_1 - \lambda N_2}{1 - \lambda^2}, \dfrac{N_2 - \lambda N_1}{1 - \lambda^2})$ 点是全局稳定点。

如果 $N_1 < \lambda N_2$，$N_2 > \lambda N_1$，或者 $N_1 > \lambda N_2$，$N_2 < \lambda N_1$ 时，则 $\Delta < 0$，因此，方程的两个特征根一正一负，在这种情况下该点是鞍点路径稳定点。

根据以上分析可以发现，当 $N_1 > \lambda N_2$，$N_2 > \lambda N_1$，即 $\lambda < \dfrac{N_1}{N_2} < \dfrac{1}{\lambda}$ 时，只有一个稳定点，它表示新旧产业能够共存，如图 3-3 所示。

而当 $\lambda > \dfrac{N_2}{N_1}$ 和 $\lambda > \dfrac{N_1}{N_2}$ 时有两个稳定的不动点（N_1，0）和（0，N_2），它表示新旧产业只有一个产业能够存在下来，如图 3-4 实线所示。至于哪一个产业能够获胜取决于初始状态，当只有一个获胜者时两个域被稳定流形分开，凡初始状态在上半域的都趋向于（0，N_2），凡初始状态在下半域的都趋向于（N_1，0）。两个域的交界构成了稳定流形。

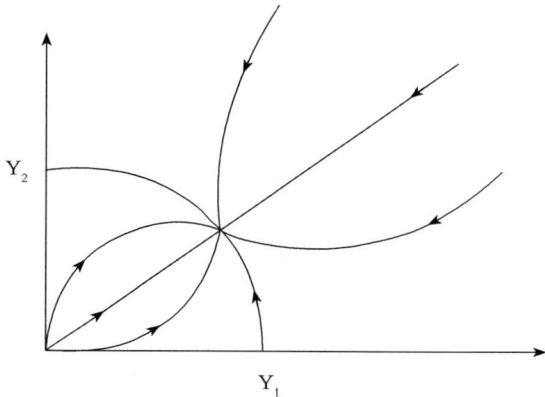

图 3-3　$\lambda < \dfrac{N_2}{N_1} < \dfrac{1}{\lambda}$ 时新旧产业竞争时的稳定状态

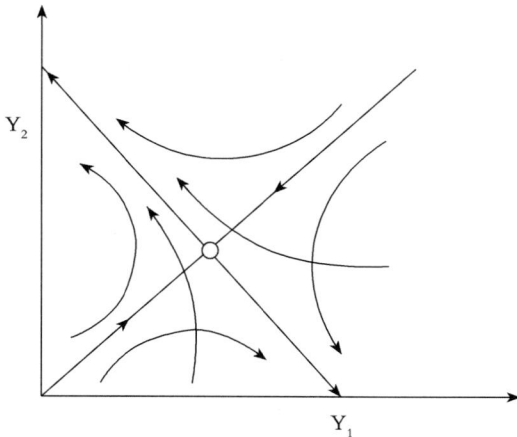

图 3-4　$\lambda > \dfrac{N_1}{N_2}$ 和 $\lambda > \dfrac{N_2}{N_1}$ 时新旧产业竞争时的稳定状态

　　然而，实际上如果两个产业的需求空间不同，也就是先进程度不同①，那么哪一个产业能够获胜则就会有明确的结果。如果假设产业 Y_1 为旧产业，产业 Y_2 为新产业。根据恩格尔定律，不出一般地，假设 $N_2 > N_1$，$N_2 > N_1$ 表明新产业比旧产业有更大的需求空间。

　　① 一般说来，随着人均收入水平的提高，需求结构的升级，农产品的收入弹性不断低于工业品，轻工业产品的收入弹性又不断低于重工业产品。收入弹性越大的产品，其需求空间必然也越大，产品层次也就越高。

由于 $0 < \lambda < 1$，所以 $\lambda < \dfrac{N_2}{N_1}$，因此不动点 $(N_1, 0)$ 必将不会稳定。只有当 $\lambda > \dfrac{N_1}{N_2}$ 时，也就是说新旧产品之间的替代率大于这两种产品需求量之间比率的倒数时，存在不动点 $(0, N_2)$。在这种情况下，最终只会存在新产业，在图 3-3 中用虚线表示产业演化的过程。

另外，当新旧两种产品共同存在时，根据以上分析，$\lambda < \dfrac{N_1}{N_2} < \dfrac{1}{\lambda}$ 成立，由于 $0 < \lambda < 1$ 和 $N_2 > N_1$，所以该式可以改写为：$\lambda < \dfrac{N_1}{N_2}$，也就是说新旧产品之间的替代率小于这两种产品需求量之间比率的倒数时，两种产业能够共同存在。

总结起来，当 $\lambda < \dfrac{N_1}{N_2}$ 时，新旧产业能够共同存在；当 $\lambda > \dfrac{N_1}{N_2}$ 时，此时只有新产业能够存在，旧产业将被新产业所取代。

3.3.2　数值模拟分析

为了对这个问题有一个更清晰的认识，本章对方程（3-14）各变量进行赋值，首先令 $\gamma_1 = 0.3$、$\gamma_2 = 0.5$、$N_1 = 80$、$N_2 = 100$、$\lambda = 0.9$、$Y_1(0) = 30$、$Y_2(0) = 1$、$t \in [0,1]$，经过 Matlab6.5 模拟之后的结果如图 3-5 所示。在这种情况下，由于 $\lambda > \dfrac{N_1}{N_2}$，因此旧产业最终将会被新产业所取代。

我们以图 3-2 中的 VCR 为例对其进行说明。过去多年以来，VCR 一直是消费者在家录制电视节目或观看电影的标准装备，不过这种情况已经不再存在。2005 年度全球 VCR 的销售量大约仅为 1 600 万台，相较于 1998 年度的 6 200 万台；这类装置与录像带在电子零售店的货架空间不但大幅缩小，而且也被移到较不重要的角落。取代 VCR 的新时代数字产品不断出现，不但功能更为高强，画质与音质更为优异，也更可靠耐用。许多消费者在 DVD 录像机或以计算机为基础的系统中作选择，来满足他们在节目录制或观看电影方面的需求。

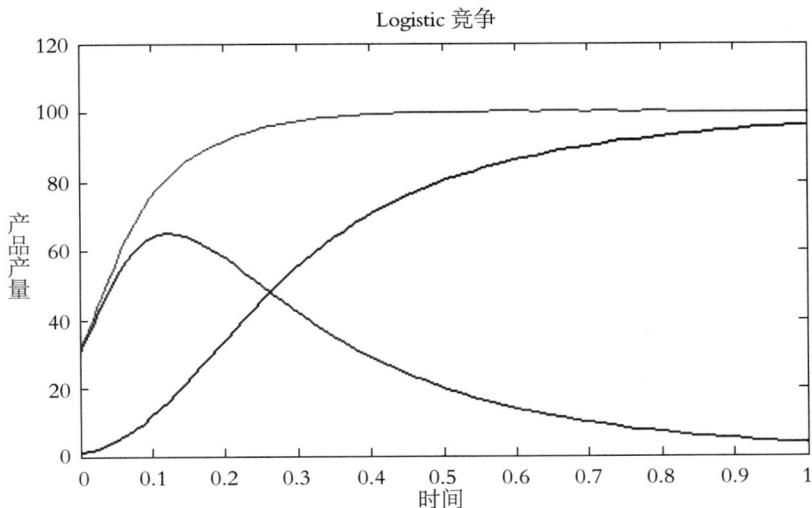

图 3-5 $\lambda > \dfrac{N_1}{N_2}$ 时产业竞争与经济增长状况

数年前，当 DVD 录像机初上市时就被视为将会大量取代 VCR；不过早期的 DVD 录像机使用的格式不同，播放机必须兼容才能观看，造成不少困扰。早期的 DVD 录像机也非常昂贵，例如 Panasonic 第一个产品售价高达 5000 美元。目前，比较新颖的 DVD 播放机能够播放大部分的数字格式，录像机的价位也持续滑落。许多产品比起三年前，变得对用户更加友好。事实上，由于 DVD 录像机也能播放 DVD，另外它还具备一些额外的功能，因此消费者有很足够的理由用它来取代 VCR[①]。

其次，令 $\lambda = 0.6$，其他参数均保持不变，经过 Matlab6.5 模拟之后的结果如图 3-6 所示。在这种情况下，由于 $\lambda < \dfrac{N_1}{N_2}$，因此新旧产业将会共同存在。

两个产业加总的包络线在长期中必然呈现出有时下滑、有时上升的波动特征，这与技术创新何时出现有着紧密的联系，而这完全不同于从供给角度来描述的经济增长过程，Solow（1956）假定经济增长是一个稳定的过程。

[①] 关于这方面的详细论述可以参见：http://www.okokok.com.cn/intelli/Class1/Class36/200512/97220.html。

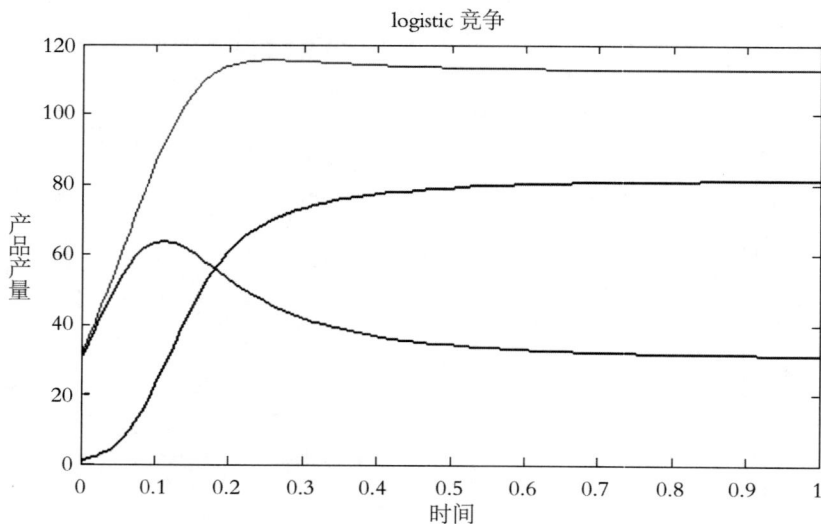

图 3-6　$\lambda < \dfrac{N_1}{N_2}$ 时产业竞争与经济增长状况

由于旧产品需求空间的有限性，在其达到需求空间的上限时经济增长肯定会停滞甚至衰退。因此，要保持经济的持续增长必须以主导产业的不断转换为前提，而高层次需求的不断涌现为新产业的出现提供了"丰富的土壤"，使经济能够保持持续增长。由此可见，经济增长的过程就是新产业不断涌现，逐渐替代旧产业的过程，而新产业的涌现必须以需求结构的升级为背景。

关于产业演化的案例，我们来看一下钱纳里等人的具体研究。钱纳里和泰勒深入考察了生产规模较大且经济比较发达国家的制造业结构转换和原因，发现工业发展受人均国民生产总值、需求规模和投资率的影响较大，受工业品和初级品的输出率的影响较小，并将其分为早期工业、中期工业和晚期工业三类。这一分类明确地表明了工业部门发展的时序性和替代性。其中，早期工业，是指在经济发展初期对经济发展起主要作用的制造业部门，如食品、皮革、纺织等部门。中期工业，是指在经济发展中期对经济发展起主要的制造业部门，如非金属矿产品、橡胶制品、木材及木材加工、石油、化工、煤炭制品等部门。后期工业，即在经济发展后期对经济发展起着主要作用的制造业部门，如服装和日用品、印刷出版、粗钢、纸制品、金属制品和机械制造等部门。这些制造业部门在发展的晚期增长速度加快，大大超过 GNP 的增长速度，致使这些工业在国民经济中渐占优势。但是，当经济发展到相当高水平时，这些工业发展速度开始下降，甚至低于 GNP 的增长。而其他一些新发明出来的产品和新兴工业将取代重工业而迅速发展起来，如 IT（信息技术）工业。[①]

另外，洪银兴在这方面也有过相关的论述。洪银兴（1997）认为，产业升级不只是指在现有产业中培植出适合新的市场需求的具有竞争优势的产品，同时还要求产业结构的升级换代，其中包括由劳动密集型产业上升为技术密集型产业，产生满足新的市场需求的新兴产业。产业升级对我国工业化起步早的地区更为迫切。原因是工业化越早的地区传统产业比重越高，这里进行产业升级的能力也较强。产业发展的规律也表明，许多企业拥挤在同一产业过度竞争时，退出这一市场的也可能是具有竞争优势的企业。这些企业会根据产业的生命周期理论，一旦某种产品或产业进入成熟阶段时，便会及时地退出该市场，转向新的产业领域，由此带动产业升级。

3.4 开放条件下后发国家的市场需求与产业演化

3.4.1 理论分析

以上对在封闭条件下一国产业竞争状况进行了分析，接下来，本章将分析在开放条件下同一种产品或产业在发达国家与后发国家之间的演变状况。

假设在市场竞争中企业会根据环境的不同而选择继续留在或者退出某个行业，R 表示淘汰率。当企业决定退出该行业时，很明显，这将会影响到该行业的产出。因此，产品的产出可以用下式表示。

$$\frac{dY}{dt} = \gamma(N - Y)Y - RY = \gamma(N - \frac{R}{\gamma} - Y)Y \tag{3-21}$$

[①] 张培刚. 发展经济学教程 [M]. 北京：经济科学出版社，2001.

（3-21）式除了 R 以外，其他变量定义与上述均相同。根据 $\frac{dY}{dt} = 0$，则 $\gamma(N - Y)Y - RY = 0$，经过简单运算得到产品的稳态产量为：

$$Y = N - \frac{R}{\gamma} \tag{3-22}$$

假设发达国家最先生产该产品，是技术领先者，而后发国家在发达国家之后对该产品进行生产。下面来对参数 R 进行研究，假设参数 R 的变化用下式表示：

$$R = r(1 - a\frac{Y}{N})^{①} \tag{3-23}$$

其中 r 表示企业学习能力的度量。系数 a 是对环境的一个测量：当 $-1 < a < 0$ 时，它描写的是发达国家的情况。在发达国家中，生产新产品的企业毫无疑问是风险爱好者或者是个人主义行为，企业的技术创新完全是在市场经济条件下取得的。当只有很少的企业进入一个新的市场时，他们的退出率很小，原因在于他们是风险爱好者，当市场空间潜力很大，利润率非常高的时候，他们将会逐渐进入，但是当越来越多的企业进入此领域时，由于利润率变得越来越少，退出率也逐渐增大；反之 $0 < a < 1$ 时，描述的是后发国家的情况。它表明，在后发国家中，企业的退出率随着进入企业数量的增加反而不断减少。原因就在于，后发国家企业所要进入的领域是技术比较成熟、市场需求空间已经存在的产业，该产业对于发展国家来说是全新的，再加上其与发达国家企业相比有着更低的生产成本，因此，对他们来讲有着更高的利润空间。因此，后发国家企业容易"英雄所见略同"，形成产业"潮涌现象"[②]。

将 R 的表达式带入上式可得到：

$$Y^* = \frac{1 - \frac{r}{\gamma N}}{1 - \frac{ra}{\gamma N}}N \tag{3-24}$$

为了进行简单的比较，假设除了参数 a 不同之外，其他参数发达国家与后发国家都相同。由上式可以知道：$Y^*_{-1<a<0} < Y^*_{0<a<1}$，也就是说，在这种情况下，相同的市场规模能够诱使后发国家比发达国家有着更高

---

① 本章此处建模与陈平（2004）相似，但是在变量的含义上本章与其并不相同。
② 关于产业潮涌现象的分析可以参见林毅夫（2007）对其的研究。

的产出。

为了更具体的说明问题，这里对参数进行简单的赋值运算，令 $\gamma N = 1$，对于发达国家来说，令 $r=0.8$，$a=-0.5$，则 $Y^{*}_{-0.5} = 0.14N$；对于后发国家来说，令 $r=0.1$，$a=0.5$，则 $Y^{*}_{0.5} = 0.95N$。

这是一个很重要的结论，就是说对于后发国家来讲只要很小的需求空间就可以使其达到发达国家必须要很大需求空间才能达到的产量水平。这意味着，要使 $Y^{*}_1 = Y^{*}_2$，在一般情况下只需要后发国家很少一部分的需求空间就可以达到，即 $N_1 \gg N_2$。因此，当后发国家企业拥有了一定的需求空间并且具备了生产该产品的能力之后，由于其低廉的生产成本，发达国家企业所生产的产品将会被后发国家所取代，如图 3-7 所示。

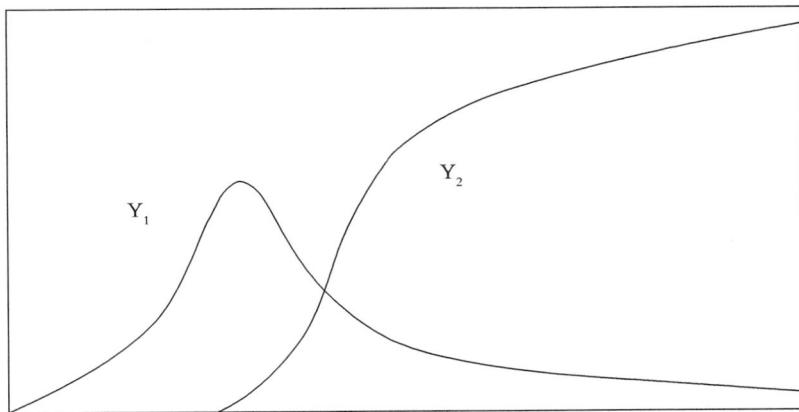

图 3-7 发达国家与发展中国家产品竞争状况

3.4.2 模型的现实意义

上述的分析为后发国家的产业结构演变提供了一条重要的思路：对于同一种产品相同的产量而言，后发国家的企业与发达国家的企业相比需要更小的需求空间，这为后发国家的政府保护提供了一定的政策依据。具体来说，在后发国家具备了潜在的需求空间但仍然没有建立起相应的比较优势与发达国家竞争的时候，如果后发国家将其市场向发达国家开放，那么发达国家企业将会占据后发国家狭小的市场，后发国家企业将会被发达国家企业所"俘获",位于产业链的低端。反之,尽管后发国家在一个产业发展的初期其市场需求空间比较小,但是如果其政府能对企业采取政策保护本国市场、鼓励本土企业技术创新和引进,随着本土企业生产能力的逐步建立,本土企业将会逐渐进入该领域,随后该产业在后发国家就会形成"潮涌现象"。

作为发达国家,为了保持其经济持续增长,必须进行技术创新,获取新的市场需求空间。但是,如果在有限的一段时间内,发达国家发现对于满足更高层次需求所需要的新技术并没有出现,在这种情况下,当后发国家已经将原来的市场需求空间逐渐占据,并也虎视眈眈地寻找新的需求空间并且进行技术创新的时候,后发国家与发达国家就已经站在了同一起跑线上,谁将领衔下一轮的产品创新将变得不可确定,在这种情况下,后发国家有可能会超越发达国家,而跃升为更发达的国家,美国、德国、日本等对英国的赶超正是在这种情况下发生的。因此,在开放条件下,政府的政策行为尤其是对本土需求空间的保护和对本土企业技术创新和技术引进的鼓励对于后发国家产业的赶超变得尤为重要。

3.5 小结

在全球化背景下,由于分工的不断深化,产出量迅速增加,产出量的急剧扩张导致了需求约束的出现,只有需求结构不断升级才能不断缓解、解决需求约束,支撑经济的持续增长。需求结构的演变是一个质量互变过程,量的需求得到满足之后就会产生新的质的需求,在新的质的基础上又会有量的需求,如此循环往复。其中,质的需求是拉动企业技术创新的决定性力量,而这将会带动产业结构升级。因此,从需求方面对经济增长、产业演化的研究就具有了非常重要的作用和现实意义。

本章从需求的角度对技术创新和产业演化也就是竞争状况做了一个理论和实证上的分析,并且发现,在需求空间有限情况下,技术创新能力不能够形成、经济增长会停滞、产业最终会被锁定。因此,我们需要充分利用需求空间的扩展来提升产业结构,最终使得新的产业能够出现,逐渐替代旧产业,在此过程中技术创新得以发生,经济增长得以持续。

另外，本章认为，在开放条件下，国内需求空间对一国的产业结构提升有着极其重要的作用。后发国家企业在政府的政策保护下，完全有可能实现对发达国家经济的赶超。当然，前提条件是发展中国家的潜在需求已经具备，政府的保护政策并不严重违背比较优势原则。

20世纪80年代以来，中国吸引外资一直是在走"以市场换技术"的路线，但充满艰辛。"以市场换技术"战略的主要目标是通过开放国内市场，引进外资，引导外资企业的技术转移，获取国外先进技术，并通过消化吸收，最终形成一国独立自主的研发能力，提高其技术创新水平。但是，现实却不容乐观。譬如，中国汽车产业现在的情况是，市场90%已经被跨国公司所占领，但先进的造车技术中国依旧没有掌握。通过对日本、韩国等后发国家的成功经验的研究可以发现，他们的政府对新产品市场都实行了一定程度的保护，保护的结果使得该国自身企业生产的产品具备了需求的空间，而通过需求空间的拉动，产业最终才能够成长起来。

需求因素对一国产业结构的演变具有极其重要的作用和意义。在经济全球化的今天，争夺的主要对象是市场，因为有了市场就有了产业竞争的可能性，进而就有了相应的利润。主张"以市场换技术"者认为市场开放了，技术就会随之而来，但是，实际上市场是有限的，市场一旦失去，要想重新获取是非常艰难的。另外，在本土市场被出让的情况下，本土企业即使获得了一定的技术，但是本土企业所面临的需求空间由于跨国公司的挤占变得越来越狭窄，其技术提升的空间也会变得越来越小，最终的结果很可能是市场丢掉了，而技术却并没有学会很多，其结果只能是受制于人，而这也正是本章对我国现实的意义所在。

4 需求约束与产业结构演变：基于我国现实的分析

4.1 引言

20 世纪 90 年代初期，高速投资增长支撑了我国的经济增长，具有明显的投资拉动特征，使我国在较短的时间内突破了能源、交通等基础设施的瓶颈制约，极大地提高了我国工业品的供给能力。但在增长的结构上具有相当强的"补短"特征，企业也具有依靠外部扩张的市场和机制条件，使得增长方式主要依赖于生产能力低水平的平面扩张，即在生产能力迅速扩张的同时，产品的设计开发能力和国际竞争能力并没有相应的提高，企业市场开拓能力也没有相应的扩大。洪银兴（1997，1998）认为，随着过剩经济的出现，我国买方市场逐渐成为市场经济的常态。市场需求对于经济增长的约束变得越来越突出。90 年代中后期出现全面的生产能力过剩，多数产业产能利用率不足 60%（见表 4-1）。

表 4-1　　　　　　部分工业消费品产能利用率（1996）（%）

产品	利用率	产品	利用率	产品	利用率
轿车	64.9	奶粉	44.1	电影胶片	25.5
摩托车	61.6	啤酒	73.5	彩色胶片	22.1
黑白电视机	47.8	白酒	64.9	磁带	52.0
彩色电视机	46.1	肥皂	42.4	复印机	34.0
录像机	40.3	合成洗涤剂	53.8	家用电风扇	65.1
摄像机	12.3	日用玻璃	61.5	家用电冰箱	50.4
录放音机	57.2	自行车	54.5	家用洗衣机	43.4
化学纤维	76.4	缝纫机	56.0	家用空调	33.5
印染布	23.6	手表	72.8	吸尘器	43.2
机制糖	56.7	照相机	57.7	排油烟机	40.2

资料来源　《中国统计年鉴》（1997）。

实际上，从 1995 年开始，供过于求的迹象已经开始显现。在大部分商品供求平衡的基础上，供过于求商品的比例已经开始超过供不应求商品。1995 年以后，这一现象是不断发展和强化的，见表 4-2。

表 4-2　　　　　　不同年份我国产业的供求状况（%）

时间	供不应求比例	供求平衡比例	供过于求比例
1995 年上半年	14.4	67.3	18.3
1995 年下半年	13.3	72.3	14.6
1996 年上半年	10.5	74.5	15.0
1996 年下半年	6.2	84.7	9.1
1997 年上半年	5.3	89.4	5.3
1997 年下半年	1.6	66.6	31.8
1998 年上半年	0.0	74.2	25.8

资料来源　国家计委宏观经济研究院课题组 . 买方市场条件下的经济运行特点和调控政策 [J]. 管理世界，1999（4）：23-27.

根据 2000 年国内贸易局商业中心对国内市场上 609 种主要商品的调查，供过于求的比例高达 79.6%，比 1998 年增长了 47.8%；根据第三次全国工业普查，在 900 多种主要工业品生产能力中，生产能力闲置 20%～33%的占 27.2%，闲置 50%以上的占 18.9%；在产品积压方面，根据统计显示，当年我国工业产品每增产 10%，就有 1%的产品积压（王万山，2002）。另外，机电产品的主要零部件、关键原材料和设备的进口替代缓慢、进口依赖现象严重，绝大部分企业产品更新换代和创新能力不足，难以生产出满足生活文化水平提高需要的产品。不过，这种情况随着我国加入 WTO 出现了大逆转，出口解决了产能过剩的问题。

2001 年 12 月 11 日，中国正式加入世界贸易组织（WTO），标志着我国的产业对外开放进入了一个全新的阶段。入世以来，我国对外贸易取得了惊人成就，出口从 2001 年的 2.2 万亿元人民币增长到 2014 年的 14.4 万亿元人民币，增长 6.5 倍，外贸总额从 4.2 万亿人民币增长到 2014 年的 26.4 万亿人民币，增长 6.3 倍。与此相对应的是，中国国内生产总值业从 2001 年的 11 万亿元人民币增长到 2014 年的 64 万亿元人民币，增长约 6 倍，经济总量跃居世界第二，按照国际货币基金组织的购买力评价统计则为世界第一。研究发现，中国入世之后，在世界范围内形成了以下五个层次和生产模式。具体说来，第一层次是美国，以从事新产品的研究与开发，垄断信息产品的供给，为整个世界提供服务产品，尤其是金融服务产品，在国际分工中居于金字塔顶端；第二层次的典型国家是德国，也是西欧国家的代表，在当今的国际分工中主要从事资本品等中间产品的生产；第三层次的国家典型的代表是日本、韩国等，它们在当今国际分工中主要从事资本密集型、技术含量与附加值较高的中、高档最终消费品的生产；第四层次的国家是以中国为代表的为数众多的后发国家，主要从事劳动密集型的中、低档最终消费品的生产；第五层次的国家包括石油输出国，例如沙特阿拉伯、俄罗斯等，以及铁矿石的出口国，譬如澳大利亚、巴西等。毫无疑问，创新中心是利润中心，也因此是需求中心（因为有大量利润可供消费），而制造中心只是成本中心。

在当今世界经济格局中，因为历史和其他原因，美国的经济结构对其他国家的经济结构和发展路径有着更多的影响，而美国经济结构最明显的特征，是其超强的技术创新能力和消费能力。美国国内经济增长促进了其进口的增加，并在一定程度上带动了以中国为代表的发展中国家经济的快速增长，这些国家利用自身的要素禀赋优势成为了制造中心，专门生产并大量出口发达国家所需要的必需品。在这其中，中国凭借着大量廉价的劳动力成为了"世界工厂"，为发达国家代工生产质优价廉的消费品，从而融入到由发达国家掌控的全球价值链之中，从事低端作业并获取微薄的利润。无论是澳大利亚、巴西、俄罗斯和中东把自然资源和能源出售给中国，或者日本和德国把昂贵的汽车和技术转移给中国，最终都是藉此消费中国制造的廉价的劳动密集型产品。在由以上国际分工所塑造形成的世界经济发展模式中，以美国为代表的发达国家和以中国为代表的发展中国家之间的关系最为紧密，如图 4-1 所示，美国的个人消费与中国的出口紧密地结合在了一起，中美之间的关系成为了全球经济关系中的中心。

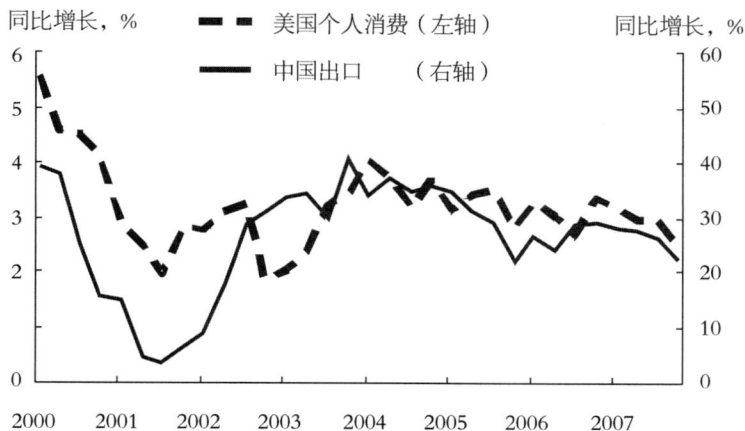

图 4-1　中国出口与美国消费紧密相关

资料来源　由 CEIC、Bloomberg、中金公司研究资料整理得来。

　　作为这种模式的一个必然后果，我国的外贸依存度一路攀升。如图 4-2 所示可以看出，1978 年我国外贸依存度为 9.85%，此后一路飙升，到了 2006 年甚至达到了创纪录的 63.7%，与此同时，出口依存度也从 1978 年的 4.65% 最高上升到 2007 年的 35.1%。毫无疑问，我国经济的外向程度已经达到了一个高位，超高的外向度带动了中国产能的大量向外辐射。

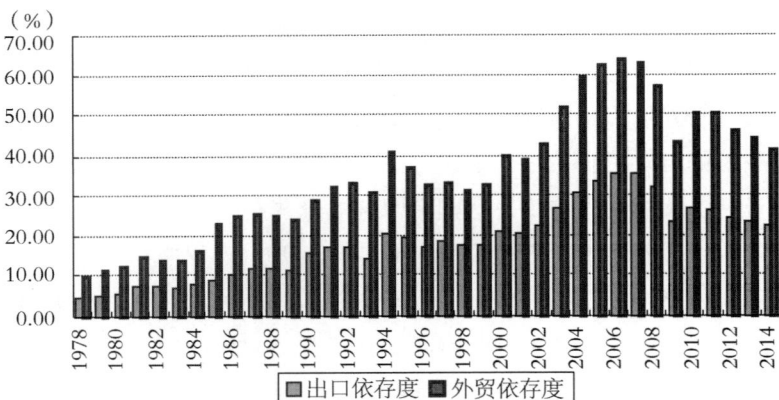

图 4-2　我国外贸及出口依存度状况

资料来源　《中国统计年鉴》相关年份数据计算整理。

结合图 4-1 和图 4-2 我们可以发现，我国经济已经紧紧地与以美国为首的发达国家的需求联系在了一起，这必然会使我国的产业结构更加外向，产能利用率更高，而 2008 年的金融危机必然也会使我国的产能利用率下滑（见表 4-3）。

对于表 4-3 需要说明的是，产能利用率 1.0 表示产能利用正常，既不过剩也无不足；偏差 0.05 左右，表示轻度过剩或者不足，但是仍然处于正常状态，即 0.95～1.0 区间的产能利用率表示轻度过剩；0.85～0.95 区间则表示中度过剩；低于 0.85 则表示严重过剩。按照此标准，2011 年，中国工业的整体产能利用率为 0.863，位于中度过剩区间，但是已经十分接近严重过剩；从细分行业看，2011 年，36 个工业行业中的 13 个行业产能严重过剩，其中石油、电力、煤炭等能源部门以及金属冶炼、化学原料等工业原料部门过剩最为严重；此外还有 10 个行业处于中度过剩区间，其中主要以轻工业为主。

应该说，虽然国内需求的不足，但对外贸易的迅速发展使得我国产能利用率急剧上升，我国经济的增长在很大程度上要受到国外需求的制约。如果说改革开放初期我国产业结构的调整对外贸出口结构的变动具有决定性影响的话，那么，在 20 世纪 90 年代后尤其是加入 WTO 以来，

表 4-3　　　　　　　　我国 36 个工业行业产能利用率（%）

行业 （年份）	2000	2001	2002	2003	2004	2005	2006	2007	2008	2009	2010	2011
1	1.00	0.94	0.92	0.93	1.17	1.13	1.07	1.12	1.08	0.93	0.91	0.85
2	2.03	1.63	1.43	1.28	1.33	1.33	1.18	0.99	0.76	0.65	0.57	0.44
3	0.87	0.88	0.84	1.01	0.99	1.02	1.13	1.26	1.17	1.12	0.94	0.88
4	1.19	1.04	0.96	0.87	1.10	1.09	1.10	1.12	0.98	0.97	0.85	0.82
5	0.97	0.87	0.83	0.76	0.94	1.03	1.02	1.18	1.13	1.11	1.15	1.10
7	0.93	0.92	0.94	1.03	1.07	1.15	1.19	1.15	1.05	0.95	0.9	0.79
8	0.94	0.89	0.89	0.94	1.03	1.08	1.11	1.15	1.1	1.02	0.98	0.92
9	1.06	0.96	0.92	0.89	0.98	0.99	1.03	1.11	1.1	1.03	0.99	0.96
10	0.88	0.91	0.99	1.01	1.03	1.02	1.04	1.12	1.12	1.01	0.96	0.93
11	0.97	0.93	0.95	0.94	1.02	1.09	1.09	1.14	1.08	1.00	0.95	0.87
12	1.01	1.00	0.94	0.97	1.04	1.05	1.10	1.11	1.01	0.96	0.93	0.91
13	0.92	0.94	0.94	1.10	1.07	1.06	1.09	1.13	1.07	0.98	0.95	0.88
14	0.74	0.77	0.75	0.80	0.93	1.02	1.11	1.31	1.24	1.21	1.20	1.17
15	0.81	0.86	0.85	0.89	1.06	1.13	1.14	1.17	1.14	1.05	1.02	0.98
16	0.94	0.90	0.95	0.97	1.05	1.05	1.07	1.13	1.08	1.01	0.98	0.88
17	0.95	0.97	0.99	1.00	1.01	1.00	1.03	1.10	1.04	0.95	0.94	1.01
18	1.02	1.03	0.99	1.04	1.04	1.03	1.05	1.04	1.01	0.93	0.91	0.93
19	1.23	1.22	1.26	1.42	1.35	1.15	0.94	1.01	0.91	0.73	0.65	0.58
20	0.92	0.91	0.93	1.04	1.12	1.08	1.06	1.17	1.07	0.98	0.92	0.85
21	1.05	1.02	0.98	0.97	1.01	0.98	0.99	1.06	1.05	1.00	0.97	0.93
22	1.28	0.94	0.94	0.97	0.98	0.96	1.01	1.12	1.05	1.01	0.98	0.83
23	0.98	0.97	1.00	1.04	1.07	1.07	1.02	1.06	1.05	0.97	0.96	0.83
24	0.95	0.97	0.99	0.96	0.95	0.97	1.05	1.14	1.08	1.01	0.99	0.96
25	0.93	0.90	0.89	0.94	0.97	1.00	1.07	1.19	1.13	1.04	1.01	0.97

续表

行业 （年份）	2000	2001	2002	2003	2004	2005	2006	2007	2008	2009	2010	2011
26	0.82	0.85	0.89	1.09	1.15	1.2	1.2	1.18	1.08	0.96	0.89	0.81
27	0.98	0.98	0.9	1.02	1.07	1.07	1.18	1.17	1.04	0.97	0.88	0.82
28	0.96	0.97	1.02	0.97	1.01	1.03	1.09	1.17	1.05	0.94	0.92	0.89
29	0.72	0.74	0.79	0.95	1.08	1.15	1.2	1.3	1.17	1.07	1.02	1.01
30	0.79	0.79	0.87	0.91	1.01	1.04	1.15	1.25	1.17	1.08	1.06	1.01
31	0.71	0.78	0.92	1.07	1.05	0.99	1.06	1.22	1.14	1.09	1.11	0.99
32	0.88	0.88	0.9	1.02	1.11	1.14	1.13	1.18	1.11	1.00	0.95	0.78
33	0.87	0.81	0.87	1.01	1.08	1.17	1.23	1.17	1.11	0.99	0.89	0.91
34	0.77	0.75	0.74	0.99	1.09	1.14	1.26	1.29	1.21	1.03	0.98	0.95
37	1.24	1.16	1.13	1.04	1.08	1.07	1.02	1.05	0.97	0.84	0.79	0.74
38	0.62	0.74	0.73	0.84	0.89	0.96	1.02	1.33	1.45	1.32	1.29	1.25
39	1.55	1.41	1.26	1.16	1.08	1.07	0.98	0.96	0.87	0.75	0.67	0.66

注：代码对应的行业：1.煤炭开采和洗选业；2.石油和天然气开采业；3.黑色金属矿采选业；4.有色金属矿采选业；5.非金属矿采选业；7.农副食品加工业；8.食品制造业；9.饮料制造业；10.烟草制品业；11.纺织业；12.纺织服装、鞋、帽制造业；13.皮革、毛皮、羽毛（绒）及其制品业；14.木材加工及木、竹、藤、棕、草制品业；15.家具制造业；16.造纸及纸制品业；17.印刷业和记录媒介的复制；18.文教体育用品制造业；19.石油加工、炼焦及核燃料加工业；20.化学原料及化学制品制造业；21.医药制造业；22.化学纤维制造业；23.橡胶制品业；24.塑料制品业；25.非金属矿物制品业；26.黑色金属冶炼及压延加工业；27.有色金属冶炼及压延加工业；28.金属制品业；29.通用设备制造业；30.专用设备制造业；31.交通运输设备制造业；32.电气机械及器材制造业；33.通信设备、计算机及其他电子设备制造业；34.仪器仪表及文化、办公用机械制造业；37.电力、热力的生产和供应业；38.燃气生产和供应业；39.水的生产和供应业。

资料来源　贺京同，何蕾.国有企业扩张、信贷扭曲与产能过剩［J］.当代经济科学，2016（1）：58-67.

外贸结构的变化反过来开始主导着我国产业结构的调整。结构主义理论将一国产业结构变化与长期经济增长联系起来，认为结构变化会引发各部门的边际生产率的改变，从而促使资源更有效地配置，进而促进经济增长，经济结构演变的实质是综合生产率的提高和经济结构的优化升级。由此，出口导向的经济增长的背后必然是相应的产业结构的演变。Krugman（1980）和 Melitz（2003）都认为出口企业不仅在本国市场有销售行为，而且占领本国市场是企业发挥规模经济，足以支付国际贸易的运输成本实现出口的基础，然而我国的大量出口企业不依靠国内市场销售实现规模经济，而是直接进入国外市场这一"反常"现象必然使我国产业结构演变建立在国外需求的基础上，国内需求与国内产业结构之间必然发生一定的偏差，这时如果这种偏差不是很大，那么贸易结构能够引导国内产业结构升级。但是，如果这股力量非常强大或者国内需求由于各种原因增速缓慢，那么这就会迫使国内需求与国内产业结构之间的偏差扩大，我们将这种现象称之为国内产业结构扭曲，此时，贸易结构就会对国内产业升级产生制约作用。而如果我国现在的这种发展模式突然受到某种抑制，譬如说外部需求迅速下滑，那么这种产业扭曲效应就会放大，使我国经济发展偏离正常的轨道①。因此，本章的目的就在于用理论和实证的方法来考察外需在我国产业发展中的作用，并在此基础上提出一系列的政策和建议。

4.2 产业结构与贸易结构关系的理论分析

作为国际贸易理论基石的比较优势理论，表面上探讨的是一国进出口的方向和结构问题，但是，由于进出口的商品和服务都是以一定的产业结构作为支撑的，因此，严格地说，比较优势理论探讨的是贸易结构与产业结构问题。

具体而言，不同的国家和地区在不同商品生产上具有不同的潜在比较优势，通过支配和影响产业结构的配置和产出结构的变动，形成现实

① 目前经济危机的出现也使得这种可能性变成现实，因此，有必要对此进行分析。

的商品比较优势，进而通过国内外市场实现自己在商品贸易结构方面的优势。但是，另一种方向相反的变化同样也是可能存在的。假如来自国外的需求力量足够强大，那么国外市场就有可能对国内的产业结构进行反方向塑造，进而改变国内的产业结构。对这个问题进行研究的学者更多的是从负面角度对其进行分析的，譬如普雷维什（1950，1984）、辛格（1950）和巴格瓦蒂1958）等。普雷维什和辛格因同时提出贸易条件长期恶化说而闻名一时，这里本章仅以普雷维什的推论来进行说明。普雷维什（1984）认为，历史上技术进步传播的不平衡不仅促成把世界经济划分成工业中心和从事初级产品生产的外围国家，而且引致贸易条件恶化。在他看来，不发达国家贸易条件恶化可归因于三个因素：一是中心和外围的需求收支弹性差异，即中心对外围初级商品的进口需求收入弹性一般低于外围从中心进口工业品的需求收入弹性；二是中心所采取的保护本国初级产品的政策往往会强化这种弹性差异；三是技术密集性（technological densities）将强化贸易条件恶化趋向，在这里，普雷维什实际上注重的是技术密集性即技术进步因素。

普雷维什认为，在这种背景下发展中国家应当实行进口替代（import substitution）工业化的著名论断，即通过保护而实行的进口替代，可以避免把多余的生产资源配置到初级产品生产中，并将其转向工业生产，从而抵消贸易条件恶化的趋势。下面本章将对开放条件下发展中国家的贸易结构和产业结构之间的关系以及其如何实现产业升级的问题从理论上进行分析。

4.2.1 雷布津斯基定理与产业结构变化

（1）资本外生冲击下的情况

一国所面对的要素禀赋条件，与该国各个产业间的要素配置之间存在着密切的关系。这一要素禀赋条件特别是资本存量的变化，将带来一国的生产结构和贸易结构形式的成长。我们可以利用雷布津斯基定理和资本存量变动的效果来分析这一过程中的机理。在这里，我们用产品贸易中劳动密集品和资本密集品变化为例①，用艾奇沃斯盒状图来解释雷布津斯基定理。如图 4-3 所示，O_AO_B 是原始契约曲线。当商品价格给定时，此为价格均衡点轨迹。O_A 为资本密集品，O_B 为劳动密集品。现假定通过资本品贸易（或资本的积累），资本要素的数量由 O_AG 增加到 O_AG^*，与此相适应的契约曲线为 $O_AO_B^*$。这时新的均衡点一定位于 $O_AO_B^*$ 上。由于根据假设商品和要素价格都不发生变化，因此，在新的点上商品 A 和 B 的等产量线相切处的边际技术替代率和要素价格比率也必然不会发生变化并且与原始均衡点相同。同时商品 A 和 B 的要素密集度也会保持不变。因此分别从 O_A 和 O_B^* 点做 O_AE 的延长线和 O_BE 的平行线，它们一定会相交于两条等产量线与要素价格线的相切点，这就是新的均衡点，用 E^* 表示。由于远离原点的等产量线代表较高的产出水平，因此从图中可以看到 $O_AE^* > O_AE$，$O_BE > O_B^*E^*$，所以资本密集品的产出增加而劳动密集品的产出减少，产业结构由劳动密集型产业向资本密集型产业转变。

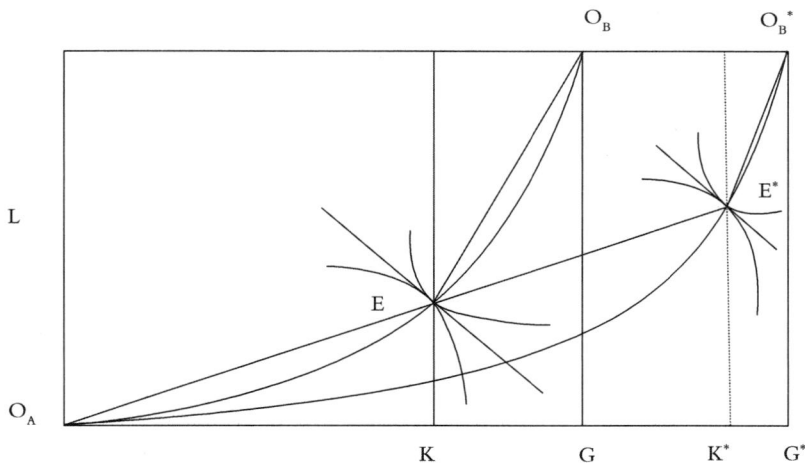

图 4-3　雷布津斯基定理与产业结构变化 I

雷布津斯基定理指出：当经济增长带来某种生产要素的增加时，较密集地使用增长要素的生产部门将扩张，而较密集地使用非增长要素的生产部门将收缩。如果劳动增加而资本没有发生变化，那么劳动密集品

---

①　本章在这里用劳动密集品和资本密集品表示一国的产业结构只是为了方便对问题的说明，用其他的分类方法也同样可以说明相同的问题。

的生产将增加而资本密集品的产出将减少；如果假定资本增加而劳动没有发生变化，那么资本密集的生产将扩张而劳动密集品的生产将缩减。雷布津斯基定理解释的是在要素禀赋增长的条件下，按照比较优势从事贸易，会使优势产业绝对地扩大，而劣势产业绝对地缩小，产业结构发生转型。

雷布津斯基定理所描述的逻辑关系是极其简明的，因为当要素价格、商品价格和技术都不发生变化时，任何一种生产要素的增加都会使厂商扩大生产规模，但由于新增要素需要另一种要素相配合，因此可行的方法就是缩减密集使用未增长生产要素的生产，以分离出足够多的该要素与新增要素相配合，其结果就必然是密集使用新增要素的产业部门扩张而使另一产业部门缩减。如果资本品贸易使资本要素增长，而现时劳动力要素数量不变的话，那么为了使新增资本要素得到充分利用，就必须使密集使用劳动要素的生产部门缩减以分离出足够的劳动力来吸纳新增资本，从而使资本密集品的产出规模扩大，产业结构就由劳动密集型产业向资本密集型产业演进。在这个过程中，如果资本密集型产品在本国不能够完全消费，那么剩余的部分将会出口，而劳动密集型部分的产品将会更多地通过进口得到解决。

（2）劳动力无限供给下的情况

阿瑟·刘易斯（Arthur Lewis，1954）提出了"二元经济"发展模式。他认为，经济发展过程是现代工业部门相对传统农业部门的扩张过程，这一扩张过程将一直持续到把沉积在传统农业部门中的剩余劳动力全部转移完毕，直至出现一个城乡一体化的劳动力市场时为止。

刘易斯的"二元经济"发展模式可以分为两个阶段：一是劳动力无限供给阶段，此时劳动力过剩，工资取决于维持生活所需的生活资料的价值；二是劳动力短缺阶段，此时传统农业部门中的剩余劳动力被现代工业部门吸收完毕，工资取决于劳动的边际生产力。由第一阶段转变到第二阶段，劳动力由剩余变为短缺，相应的劳动力供给曲线开始向上倾斜，劳动力工资水平也开始不断提高。经济学把连接第一阶段与第二阶段的交点称为"刘易斯转折点"。

因此，当一个发展中国家通过自己的劳动力禀赋优势生产产品，而由于国内需求水平很低，这些产品最主要的还是通过出口来消化时，该国产品的出口就与国外需求紧密相连了。当国外需求规模持续扩张时，国内生产厂商就会更多地利用无限供给的廉价劳动力进行产品的生产。在这个过程中，劳动力不断地从农业向工业行业转移，劳动力供给逐渐增加，在图 4-4 中表现为劳动力供给从 L 增加到 L*，理论上说，该国比较优势一直能持续到"刘易斯转折点"的出现。根据雷布津斯基定理，劳动密集型产品相对于资本密集型产品来说处于绝对优势。

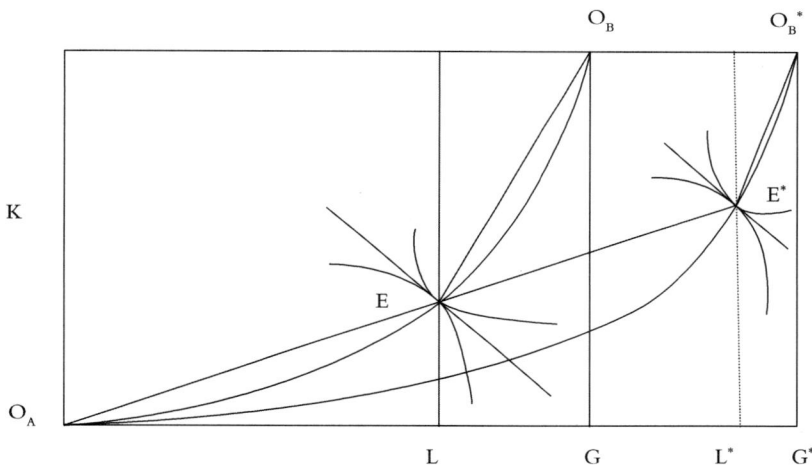

图 4-4 雷布津斯基定理与产业结构变化 Ⅱ

这里我们可以发现，在这个过程中，并不是国内的产业结构决定着贸易结构，而是相反的，出口结构决定着国内的产业结构。

4.2.2 产业升级与贸易结构成长

从上述一国产业的动态发展进程来看，资本密集型产业部门的比较成本，随着该产业部门的资本要素密集度、研究与开发要素密集度的提高，从绝对劣势逐渐逆转为比较优势和绝对优势。在一国资本密集型产业部门中发生的比较成本优势的逆转，会通过该国总体比较成本优势的结构性变动，影响该国贸易结构形式的成长。可以利用两种商品或两部门模型来分析，资本密集型产业的比较成本由劣势逆转为优势情况下的比较成本优势的结构性变动对贸易结构的影响，如图 4-5 所示。

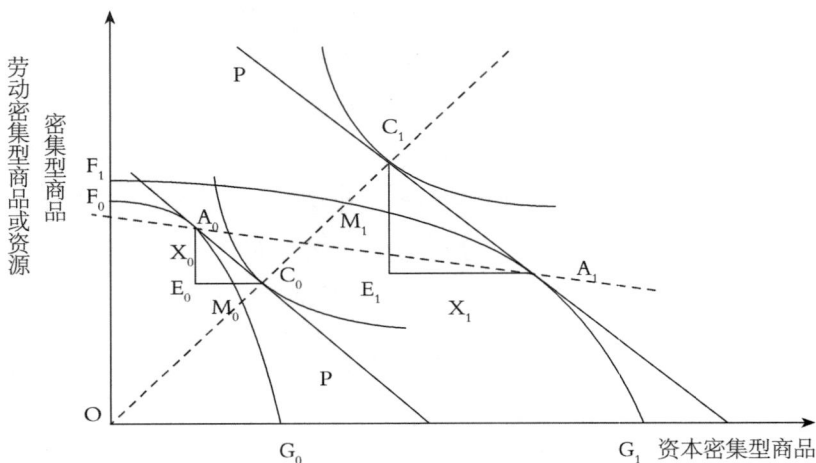

图 4-5 比较成本优势的结构性变化对贸易结构的影响

图 4-5 中，F_0G_0 代表某一国原来的生产可能性曲线，F_1G_1 代表经济增长以后扩大了的新生产可能性曲线；P 代表商品的相对价格，在这里假定两个时期的 P 保持不变；A_0 点和 A_1 点分别代表不同时期的均衡的生产点；X 和 M 分别代表该国的出口和进口；C_0 点和 C_1 点分别代表该国不同时期的消费点，它位于不同时期的社会无差异线和相对价格曲线相切点上。

为了便于分析，假定该国只有资本密集型产业和劳动密集型产业或资源密集型产业等两个产业部门，而且各个产业部门只生产一种商品，故该国只生产两种商品并参加国际贸易。假定该国的要素禀赋条件决定了该国的劳动密集型产业或资源密集型产业具有比较成本优势，所以开放条件下的均衡生产点位于多生产具有比较成本优势的商品的 A_0。这时的贸易三角为 $A_0E_0C_0$，该国出口具有比较成本优势的劳动密集型或资源密集型商品，以换取国内所需的资本密集型商品的进口，并实现现有要素禀赋和技术条件下的最高消费（即在 C_0 点上的消费）。

假定这一国家是发展中国家，通过比较优势产业的发展，该国的经济水平逐渐得到提升，资本也已经有了相当的积累。在这种情况下，资本密集型产业在政府强有力的政策扶持下，通过外资引进和技术引进以及技术进步等方式，通过要素在国内产业部门之间移动的"扩大效应"，提高生产效率和产品的质量，大幅度降低生产成本，逐步成长为该国主导产业，其结果，导致了两个产业部门的比较成本优势相互逆转的局面。

从均衡生产点和贸易三角的变动轨迹中，可以看出该国总体比较成本优势的结构性变动情况和相应的贸易结构特点。图中的两条虚线分别表示均衡生产点的变动轨迹和消费点变动的轨迹。从原来的均衡生产点 A_0 向新的均衡生产点移动过程中，两种商品产量组合上发生逆转，即劳动密集型或资源密集型商品产量大幅度减少，而资本密集型商品产量大幅度增加。从消费点变动轨迹来看，贸易商品结构也发生了逆转：原来的消费点 C_0 建立在出口劳动密集型或资源密集型商品，进口资本密集型商品的贸易三角 $A_0E_0C_0$ 的基础之上；而新的消费点 C_1 则建立在出口资本密集型商品，进口劳动密集型或资源密集型商品的基础之上。这样，两个产业部门的不同发展，通过生产结构和比较成本优势结构的逆转，实现了贸易三角的逆转，即实现了贸易结构从偏向于出口劳动密集型或资源密集型商品的结构向偏向于出口资本密集型商品结构的成长。

由图 4-5 可以看出，产业结构的变化，直接影响到一国比较优势产品的类型，影响到一国贸易结构的变化，产业发展是动态比较优势存在的基础，也是一国贸易发展的基础。另外，也是很重要的一点是，根据波特（2002）的论述，只有"内行而挑剔的客户"的出现才能够推动企业进行持续的创新活动，而这需要比较优势的充分发挥才能够达到。也就是说，资本密集型产业的发展需要国内市场规模的支持和政府的扶持政策，离开了这些，企业的自主技术创新能力就不会形成，而仅仅通过比较优势并不能使该国产业顺利升级，这在已有的很多研究中已经有过相关的论述。

4.3　我国产业结构分析

4.3.1　我国需求结构与产业结构的偏离

按照费希尔（Fisher，1935）和克拉克（Clark，1940）所划分的方法，一国的总体经济可以分为三个产业：农业、工业、服务业。一般而言，不同的国家或地区都经历了农业产值份额下降、工业和服务业份额上升；农业部门就业比重下降，工业和服务业部门就业比重上升的过程，这种现象被称之为库兹涅茨事实。下面我们将从三次产业的产值和人均收入入手，来研究需求结构与产业结构演变之间的关系，本章以美国、日本和中国这三个国家为例。在这三个国家中，按照时间顺序加入现代经济增长进程的国家依次是美国、日本和中国。从下面的三张图中可以看出，越早加入现代经济增长的国家其产业结构变动越是靠后，即要在更高的人均 GDP 水平上才能达到与后发国家相同的产业阶段。

从图 4-6 中可以看出，美国大体在人均 GDP 在 3 444 国际元时工业产值才超过农业产值，但是以后还有反复，直到人均收入达到了 4 200 国际元左右时，美国的工业产值才真正超过农业产值；从图 4-7 可以看出，相比较之下日本约在不到 1 700 国际元时工业产值就超过了农业产值，也就是说日本的人均收入甚至在不到美国一半的时候就实现了工业产值对农业产值的超越；从图 4-8 可以看出，与美国和日本相比，当中国的人均产值仅仅达到 600~700 国际元的时候，工业产值就超过了农业产值，人均 GDP 也仅仅达到了日本工业产值超越农业产值时的 1/3 左右。

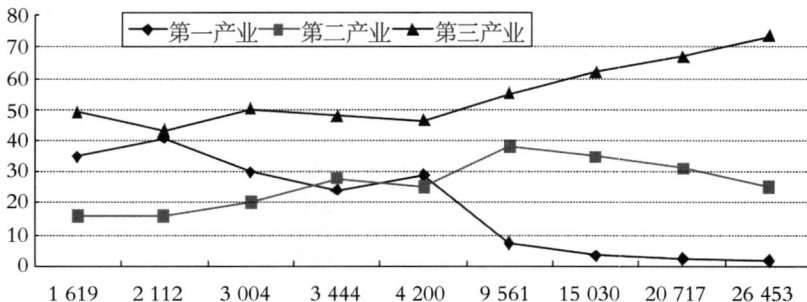

注：横轴表示人均 GDP，在这里用国际元来表示。纵轴表示三次产业所占的产值比重，以下皆同。

图 4-6　美国人均 GDP 与三次产业结构的演变状况（国际元，%）

资料来源　麦迪森.世界经济千年史［M］.伍晓鹰，等，译.北京：北京大学出版社，2003；吴敬琏.中国增长模式抉择［M］.上海：上海远东出版社，2006.另有数据来源于《国际统计年鉴》相关年份。

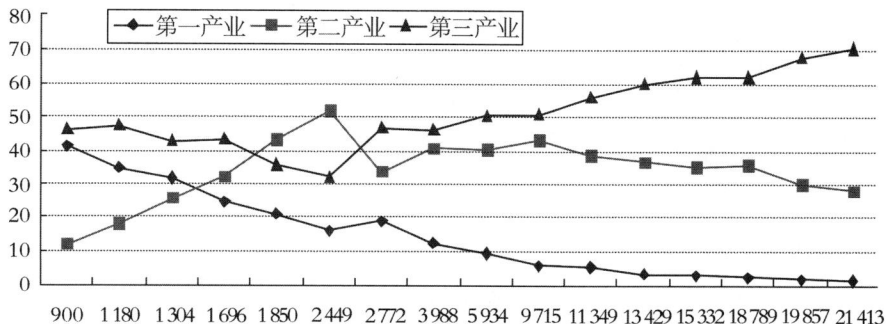

图 4-7　日本人均 GDP 与三次产业结构的演变状况（国际元，%）

资料来源　麦迪森.世界经济千年史［M］.伍晓鹰，等，译.北京：北京大学出版社，2003；南亮进.日本的经济发展［M］.景文学，等，译.北京：中国农业出版社，1999；奥林茂次.世界经济统计［M］.日本：东京大学出版社，1990.

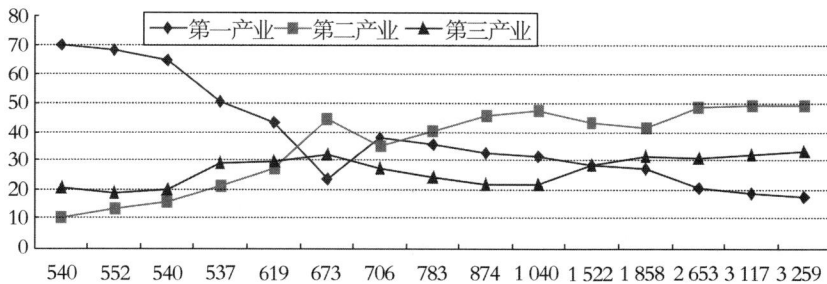

图 4-8　中国人均 GDP 与三次产业结构的演变状况（国际元，%）

资料来源　麦迪森.世界经济千年史［M］.伍晓鹰，等，译.北京：北京大学出版社，2003；刘佛丁.中国近代经济发展史［M］.北京：高等教育出版社，1999.另有数据来源于《中国统计年鉴》相关年份。

　　大量的经验、统计研究表明，需求结构的变化和产业结构的演进两者之间存在着对应的关系。通常人们对某一产品的需求随着人均收入变动而变动，经济学把这种相关关系称为产品需求的收入弹性。从需求结构与产业结构的相关关系中可以看出：一国的人均收入水平决定着需求结构状态，通过需求结构变化，进而直接影响到产业结构的变动。郭克莎（2000）认为，需求结构的转变会引起生产结构的转变。在某种情况下，一个国家会出现需求结构被动适应生产结构的现象，但从一个较长的时期来看，生产结构总是随着需求结构的变动而变动。当然，人均收入水平的变化或提高又是经济增长和产业结构变动的结果，在一定的意义上它们互为因果关系。

图 4-6、图 4-7 和图 4-8 清楚地表明，经济起飞越靠后的国家其产业结构出现超越时的人均收入水平越低。也就是说，如果将美国作为一个标准来看待日本和中国的话，那么后面两个国家明显超越了相同人均收入水平时美国的产业结构；而如果将日本作为一个标准来看待中国的话，那么中国又明显超越了相同人均收入水平时日本的产业结构。也就是说，经济起飞越靠后的国家，其需求结构与产业结构之间的偏差会越大。

在封闭条件下，一国的需求仅仅是由国内需求决定，在这种情况下，国内需求结构必然与其产业结构基本保持一致；在开放条件下，一国的需求是由国内和国外两种需求共同决定的，在这个时候，国内需求结构并不必然与其产业结构保持一致，国外需求在一定程度上也会影响着一国的产业结构。以上三张图说明，经济起飞时间越早的国家（譬如美国），其产业结构与国内需求结构之间的相关性比较大，而与国外需求结构的相关性比较小；经济起飞时间越晚的国家（譬如中国），其产业结构与国内需求结构之间的相关性就比较小，而与国外需求之间的相关性就比较大。

4.3.2　出口结构与产业结构关系的宏观分析

出口导向型发展战略的实施使得我国工业制成品的出口量迅速扩张，而这会诱使农业中大量的劳动力从第一产业向第二产业尤其是工业行业转移。根据前面的理论分析可以知道，这必然使我国工业产业尤其是劳动力密集型部分占据着充分的比较优势，其实这也是雷布津斯基定理的一个拓展应用。

为了更进一步地研究我国商品出口结构与我国产业结构演变之间的关系，本章在这里用两个变量对上述两个变量进行替代。我国商品的出口结构可以近似采用我国工业制成品出口额与初级产品出口额之比（ES）来表示；我国工业产业结构演变趋势用第二产业与第一产业国内增加值的比例（IS）来表示。由于我国大部分第三产业包含的产品和服务不可贸易，又由于本章主要研究我国的工业结构，故在此仅仅讨论这两者之间的关系。

（1）数据及其选取办法

样本取自 1981—2013 年的年度数据，数据来源于《中国统计年鉴》相关各期，我国出口商品结构及其产业结构相关变量描述，见表4-4。

表 4-4　　我国出口商品结构及其产业结构相关变量描述

年份	（1）出口总额（亿美元）	（2）出口初级产品（亿美元）	（3）出口工业制成品（亿美元）	（4）(3)/(2)	（5）出口工业制成品增长率（%）	（6）第一产业（%）	（7）第二产业（%）	（8）(7)/(6)
1981	220.07	102.48	117.59	1.15	30.58	31.88	46.11	1.45
1982	223.21	100.5	122.71	1.22	4.35	33.39	44.77	1.34
1983	222.26	96.2	126.06	1.31	2.73	33.18	44.38	1.34
1984	261.39	119.34	142.05	1.19	12.68	32.13	43.09	1.34
1985	273.5	138.28	135.22	0.98	−4.81	28.44	42.89	1.51
1986	309.42	112.72	196.7	1.75	45.47	27.15	43.72	1.61
1987	394.37	132.31	262.06	1.98	33.23	26.81	43.55	1.62
1988	475.16	144.06	331.1	2.3	26.35	25.7	43.79	1.7
1989	525.38	150.78	374.6	2.48	13.14	25.11	42.83	1.71
1990	620.91	158.86	462.05	2.91	23.34	27.12	41.34	1.52
1991	719.1	161.45	556.98	3.45	20.55	24.53	41.79	1.7
1992	849.4	170.04	679.36	4	21.97	21.79	43.44	1.99
1993	917.44	166.66	750.78	4.5	10.51	19.71	46.57	2.36
1994	1 210.06	197.08	1 012.98	5.14	34.92	19.76	46.57	2.36

续表

年份	出口总额（亿美元）(1)	出口初级产品（亿美元）(2)	出口工业制成品（亿美元）(3)	(3)/(2)(4)	出口工业制成品增长率（%）(5)	第一产业（%）(6)	第二产业（%）(7)	(7)/(6)(8)
1995	1 487.8	214.85	1 272.95	5.92	25.66	19.86	47.18	2.38
1996	1 510.48	219.25	1 291.23	5.89	1.44	19.69	47.54	2.41
1997	1 827.92	239.53	1 588.39	6.63	23.01	18.29	47.54	2.6
1998	1 837.09	204.89	1 632.2	7.97	2.76	17.56	46.21	2.63
1999	1 949.31	199.41	1 749.9	8.78	7.21	16.47	45.76	2.78
2000	2 492.03	254.6	2 237.43	8.79	27.86	15.06	45.92	3.05
2001	2 660.98	263.38	2 397.6	9.1	7.16	14.39	45.05	3.13
2002	3 255.96	285.4	2 970.56	10.41	23.9	13.74	44.79	3.26
2003	4 382.28	348.12	4 034.16	11.59	35.8	12.8	45.97	3.59
2004	5 933.26	405.49	5 527.77	13.63	37.02	13.39	46.23	3.45
2005	7 619.53	490.37	7 129.16	14.54	28.97	12.2	47.7	3.91
2006	9 689.36	529.19	9 160.17	17.31	28.49	11.3	48.7	4.31
2007	12 204.56	615.09	11 562.67	18.8	26.23	11.3	48.6	4.3
2008	14 306.93	779.57	13 527.36	17.35	16.99	10.7	47.44	4.43
2009	12 016.12	631.12	11 384.83	18.04	−15.84	10.3	46.2	4.49
2010	15 777.54	816.86	14 960.69	18.31	31.41	10.1	46.7	4.62
2011	18 983.81	1 005.45	17 978.36	17.88	20.17	10	46.6	4.66
2012	20 487.14	1 005.58	19 481.56	19.37	8.36	10.1	45.3	4.48
2013	22 090.04	1 072.68	21 017.36	19.59	7.88	10	43.9	4.39

资料来源 《中国统计年鉴》相关各期并计算整理。

由表 4-4 第 5 列可以看出，我国工业制成品的出口增长速度在1986 年以后突然放大，除了少数的几个年份增长不高之外，绝大多数年份的增长速度都非常快。本章在这里研究的目的是出口结构与我国产业结构之间的关系，由于从这个现实出发，本章下面的计量数据是1981—2013 年的数据，而本章认为这更能说明它们之间的关系。

（2）实证分析

①单位根检验。检验变量之间是否存在协整关系以及因果关系的前提是检验各变量是否服从单位根过程，即变量序列是否是一阶单整过程（integrated of order 1），记作 I（1）。常用的单位根检验方法是 ADF（augmented Dickey-Fuller）检验，其检验的回归方程式为：

$$\Delta Y_t = \beta_1 + \beta_2 t + \delta Y_{t-1} + \alpha_i \sum_{i=1}^{p} \Delta Y_{t-i} + \varepsilon_t \tag{4-1}$$

$$H_0: \delta = 0 \tag{4-2}$$

其中 ΔY_t 为变量序列的一阶差分，t 是时间或趋势变量，加入 ΔY_{t-1} 项以消除变量自相关的影响。若检验结果表明 δ 显著为 0，则说明变量是单位根过程 I（1）；否则，若 δ 显著异于 0（即 δ 显著小于 0），则表明变量是一稳定的 I（0）过程。

表 4-5　　　　　　　**各个变量的单位根检验**

| 变量 | 检验类型 | ADF 统计值 | 临界值 | | | AIC 值 | D.W.值 | 结果 |
			1%	5%	10%			
ES	(C，T,0)	0.7889	−4.4679	−3.6450	−3.2615	1.6711	2.3909	非平稳
RES	(C，T,0)	−4.4272	−4.4983	−3.6585	−3.269	1.7562	2.0000	平稳**
IS	(C，T,0)	−2.295	−4.4679	−3.6450	−3.2615	−0.7728	1.9726	非平稳
RIS	(C，T,0)	−4.7871	−4.4984	−3.6585	−3.269	−0.494	2.0685	平稳***

注：检验类型中（C，T，0）分别表示包含常数项、趋势项和滞后的阶数；RES、RIS 分别表示对应变量的自然增长率（即一阶差分），*、**、***分别表示在10%、5%和1%的显著水平上拒绝零假设。

由表 4-5 可以看出，对应变量一阶差分序列的单位根检验都是单整序列 I（1），因此，接下来我们就可以对原始变量进行协整分析。

②协整检验。对于存在单位根的两组或两组以上的时间序列，如果

它们的线性组合是平稳的 I（0）过程，则它们之间存在协整关系。对于协整检验，从检验的手段上可分为两种：一种是基于回归残差的 EG（Engle & Granger，1987）两步法协整检验；另一种是基于回归系数的 Johansen（1988）检验，Johansen 和 Juselius（1990）提出了一种在 VAR 系统下用极大似然估计来检验多变量间协整关系的方法，即 Johansen 协整检验。由于这里仅涉及两个变量，我们决定采用前一种方法进行分析。

为了检验两变量 X_i 和 Y_i 是否协整，Engle 和 Granger 在 1987 年提出基于回归残差的两步法进行检验。若序列 X_i 和 Y_i 都是 d 阶单整的，用一个变量对另一个变量进行回归，即有

$$Y_i = \alpha + \beta X_i + \varepsilon_i \tag{4-3}$$

用 $\hat{\alpha}$ 和 $\hat{\beta}$ 来分析上述方程回归系数的估计值，则模型的残差估计值为：

$$\hat{\varepsilon} = Y_i - \hat{\alpha} - \hat{\beta} X_i \tag{4-4}$$

如果 $\hat{\varepsilon} \sim I(0)$，即残差序列是平稳过程，则表明序列 X_i 和 Y_i 之间存在协整关系，且（1，$-\hat{\beta}$）为协整向量，上式（4-3）为协整方程。

由于 IS 和 ES 均为一阶单整过程 I（1），经过初步的协整回归和 DW 检验结果表明方程不存在一阶自相关，故可以用 OLS 方法进行回归分析。采用下列简单模型：

$$IS_t = \alpha + \beta EX_t + \varepsilon_t \tag{4-5}$$

回归结果为：

$$IS_t = 1.2977 + 0.1800 EX_t + \varepsilon_t \tag{4-6}$$

（19.6977）（22.7491）

Adjusted R^2：0.9627；Durbin-Watson 值：1.5247。

对（4-6）式残差 ε_t 进行单位根检验，见表 4-6。

表 4-6 残差的单位根检验

变量	检验类型	ADF 统计值	临界值 1%	临界值 5%	临界值 10%	AIC 值	DW 值	结果
ε_t	(C，0，0)	-3.3078	-3.8085	-3.0207	-2.6504	-0.7612	1.9278	平稳

检验结果显示，$\hat{\varepsilon}_t$ 序列在 5% 的显著性水平下拒绝原假设，接受不

存在单位根的结论，因此可以确定 $\hat{\varepsilon}_t$ 为平稳序列，即 $\hat{\varepsilon}_t \in I(0)$。上述结果表明：IS 和 ES 之间存在着协整关系，协整向量为 $(1, -0.1800)'$。

③Granger 因果关系检验。由于变量 ES 和 IS 之间存在长期稳定的协整关系，对于它们之间的因果关系检验可以使用传统的 Granger 因果关系检验法，这是 Granger 于 1969 年利用滞后分布的概念建立的。按常理由将来不能推测出过去，如果变量 X 是导致变量 Y 的原因，则变量 X 的变化将先于 Y 的变化，Granger 提出，如果利用 X 和 Y 的滞后值对 Y 进行预测比只用 Y 的滞后值预测所产生的预测误差要小，即：

$$\sigma^2(Y_t|Y_{t-k}, 对 \forall k > 0) > \sigma^2(Y_t|(Y_{t-k}, X_{t-k}), 对 \forall k > 0) \tag{4-7}$$

则称 X 是 Y 的 Granger 原因，记为 $X \Rightarrow Y$。

Granger 的因果性同时也表示了不同时间序列间的领先与滞后关系，对 Granger 因果性的检验是通过下列过程实现的，如果序列 X 和 Y 都是平稳的 I（0）过程，考虑下面的四个回归方程式：

$$Y_t = \alpha + \sum_{i=1}^{m} \alpha_i Y_{t-i} + \sum_{j=1}^{n} \beta_j X_{t-j} + \varepsilon_t \tag{4-8}$$

零假设为：$H_{0x}: \beta_j = 0, j = 1, 2, \cdots, n$，如果零假设成立，则意味着 X 不是 Y 的 Granger 原因，方程（4-8）变为方程（4-9）：

$$Y_t = \alpha + \sum_{i=1}^{m} \alpha_i Y_{t-i} + \varepsilon_t \tag{4-9}$$

同时，

$$X_t = \alpha + \sum_{j=1}^{n} \beta_j X_{t-j} + \sum_{i=1}^{m} \alpha_i Y_{t-i} + \mu_t \tag{4-10}$$

零假设为：$H_{0y}: \alpha_i = 0, i = 1, 2, \cdots, m$，如果零假设成立，则意味着 Y 不是 X 的 Granger 原因，方程（4-10）变为：

$$X_t = \alpha + \sum_{j=1}^{n} \beta_j X_{t-j} + \mu_t \tag{4-11}$$

其中，X、Y 分别表示两个不同的变量，扰动项 ε_t 和 μ_t 不相关，在第一个方程式中，假定 Y 与其自身以及 X 的过去值有关，如果估计结果表明 X 项的系数 β_j 显著异于零，则说明变量 X 引致变量 Y。同样，在第三个方程式中如果估计结果表明 Y 项的系数 α_i 显著异于零，则说明有 Y 到 X 的单向因果关系。若两者都显著异于零，则说明变量 X 和 Y 有双向（bilateral）因果关系。

因果关系检验中涉及滞后阶的选取，本章根据赤信准则（AIC）确定变量的滞后阶数为 2。对变量的 Granger 因果关系检验，见表 4-7。

表 4-7　　　　　　　　　对变量的 Granger 因果关系检验

Null Hypothesis:	Obs	F-Statistic	Probability
ES does not Granger Cause IS	33	5.2347	0.0334
IS does not Granger Cause ES	33	0.8576	0.4765

从表 4-7 的检验结果可以看出，检验结果拒绝了 ES 不是 IS 的格兰杰原因的零假设，但是接受了 IS 不是 ES 的格兰杰原因的零假设。这表明，产品出口结构的变化是我国产业结构变化的格兰杰原因，而我国工业结构的变化并没有明显促进我国出口商品结构的调整。由此，我们可以得出结论，我国出口商品结构与工业结构之间存在着一种单向的因果关系，这也印证了尤其是 90 年代以来，贸易结构对我国产业结构巨大的影响力。

4.3.3　出口结构与产业结构关系的微观分析

（1）细分出口商品结构的变化及其特点

贸易的商品结构（composition of trade）就是各类商品在贸易总值中所占的比重。由表 4-8 可以看出，改革开放以来，随着市场化进程的加快，中国的出口商品结构确已发生了巨大的变化，工业制成品比重上升，初级产品比重下降。

为了对工业制成品的出口结构有一个更深刻的了解，本章在这里对其进行细分。按照联合国《国际贸易标准分类》（SITC）：把有形商品依次分为 10 大类，其中 0~4 类商品称为初级品。SITC0：粮食和活动物，SITC1：饮料及烟类，SITC2：非食用原料，SITC3：矿物燃料，SITC4：动植物油脂等 5 类产品；5~8 类商品称为制成品，第 9 类为没有分类的其他商品，一般将 5~9 类称为工业制成品。其中 SITC5：化学品及有关产品，SITC6：轻纺产品、橡胶制品及矿冶产品，SITC7：机械及运输设备，SITC8：杂项制品，SITC9：未分类的其他商品。人们通常以工业制成品在出口总值中所占比值的高低来衡量一国出口商品结构的优劣程度。本章主要出口数据来源于 comtrade database 的 SITC 第一分类。

表 4-8　　　1984—2014 年我国出口商品分类所占比重（%）

年份	SITC0	SITC1	SITC2	SITC3	SITC4	SITC5	SITC6	SITC7	SITC8	SITC9
1984	12.41	0.42	9.18	23.02	0.55	5.23	19.3	5.74	18.00	6.14
1985	12.26	0.18	9.30	30.75	0.56	3.86	15.31	2.16	10.86	14.76
1986	12.41	0.16	9.96	14.83	0.43	3.32	16.48	3.04	14.61	24.78
1987	12.23	0.44	9.20	11.46	0.21	5.82	22.12	9.31	22.50	6.71
1988	12.51	0.50	8.83	8.25	0.16	6.32	22.39	12.40	24.03	4.63
1989	11.92	0.60	7.89	8.15	0.16	6.33	21.13	15.26	27.61	0.96
1990	10.85	0.55	5.60	8.31	0.26	6.25	20.61	17.30	28.39	1.89
1991	10.28	0.74	4.73	6.51	0.21	5.55	20.54	19.22	31.19	1.03
1992	9.76	0.85	3.63	5.48	0.16	5.19	19.24	14.79	40.38	0.52
1993	9.13	0.98	3.25	4.45	0.22	5.06	18.18	15.75	42.53	0.43
1994	8.26	0.83	3.33	3.35	0.41	5.18	19.55	16.73	42.07	0.30
1995	6.67	0.92	2.81	3.58	0.3	6.13	22.06	19.52	37.75	0.26
1996	6.76	0.89	2.56	3.91	0.25	5.90	19.31	21.55	38.73	0.15
1997	6.05	0.57	2.21	3.81	0.35	5.61	19.19	21.98	40.03	0.21
1998	5.77	0.53	1.84	2.80	0.17	5.65	17.92	25.30	39.88	0.14
1999	5.36	0.40	1.95	2.38	0.07	5.33	17.30	27.89	39.23	0.10
2000	4.92	0.30	1.74	3.14	0.05	4.86	17.28	30.61	36.88	0.21
2001	4.80	0.33	1.53	3.16	0.04	5.02	16.61	32.68	35.6	0.22
2002	4.48	0.30	1.32	2.59	0.03	4.72	16.41	35.49	34.44	0.20
2003	4.00	0.23	1.12	2.54	0.03	4.48	15.82	39.33	32.23	0.22
2004	3.18	0.20	0.97	2.43	0.02	4.45	17.00	41.68	29.87	0.19
2005	2.95	0.16	0.97	2.30	0.04	4.69	16.93	42.53	29.23	0.21
2006	2.65	0.12	0.80	1.81	0.04	4.59	18.00	44.01	27.73	0.24
2007	2.63	0.11	0.74	1.69	0.03	5	18.03	45.51	26.25	0.18
2008	2.37	0.11	0.77	2.21	0.04	5.54	18.18	45.59	25.15	0.12
2009	2.29	0.14	0.66	1.7	0.02	5.14	15.36	47.31	26.82	0.14
2010	2.09	0.12	0.72	1.69	0.02	5.53	15.82	48.01	25.32	0.1
2011	1.98	0.11	0.8	1.7	0.03	6.02	16.87	46.44	25.27	0.13
2012	1.87	0.13	0.68	1.5	0.03	5.53	16.32	46.14	27.06	0.08
2013	1.89	0.11	0.63	1.52	0.02	5.4	16.39	46.07	27.23	0.08
2014	2.1	0.12	0.62	1.46	0.03	5.74	17.2	45.03	27.2	0.1

由表 4-8 可以看出，初级产品中 0 类粮食和活动物、2 类非食用原料和 3 类矿物燃料的出口比例减少得非常明显，2 类比重 1984 年是 2014 年的 14.8 倍，3 类比重 1984 年是 2014 年的 15.8 倍。相比之下，1 类饮料及烟类和 4 类动植物油脂原本出口所占比重就不高，所以下降得并不明显。虽然工业制成品的总比重一直以来呈明显上升趋势，但 5 类化学品及有关产品和 6 类轻纺产品、橡胶制品及矿冶产品的比重却是在轻微波动中略呈下降趋势，9 类未分类的其他商品从 1989 年开始比重基本处于平稳状态，7 类机械及运输设备近年来发展最快，其对整个国家的出口贡献率最高，7 类比重 2014 年是 1984 年的 7.8 倍。

（2）两种代表性产品的实证检验

本章主要是从增长速度最快的 7 类产品中挑选出几种具有代表性的来观察我国产业结构演变的微观证据，鉴于数据的可得性以及产品的代表性，本章选出了汽车和钢材两种代表性产品从 1980—2014 年的生产量、出口量和进口量的相关数据，对它们的发展状况作一分析①。

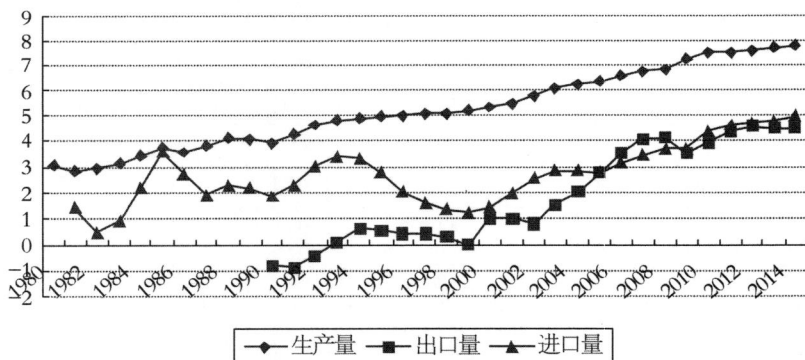

注：其中的数据均取其对数值。

图 4-9 1980—2014 年汽车的生产量、出口量和进口量

资料来源 根据《中国统计年鉴》《中国汽车年鉴》《中国对外贸易统计年鉴》相关各期数据整理。

---

① 之所以选择这种产品，原因在于：一方面我国汽车行业这些年发展不错，尤其是本土品牌上升的势头比较好，另一方面钢铁行业仍然属于技术层次较低行业，竞争力比较弱，这从目前钢铁行业是我国去产能的主要行业之一就可以看出来。通过对这两类发展较快、但发展质量差异较大的产品进行对比，分析出口对产业结构的影响。

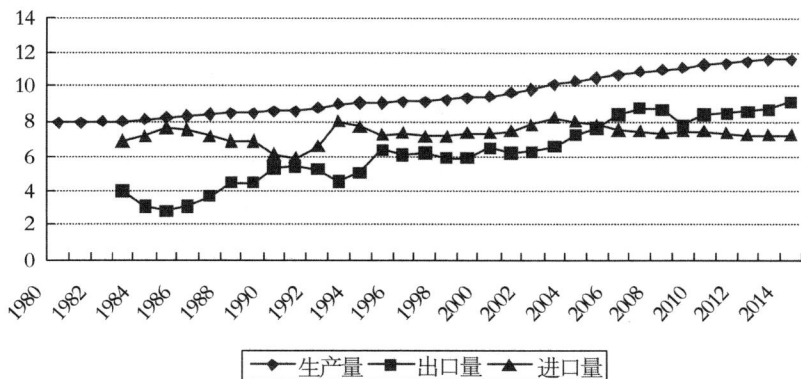

注：其中的数据均取其对数值。

图 4-10　1980-2014 年钢材的生产量、出口量和进口量

资料来源　根据《中国统计年鉴》《中国对外贸易统计年鉴》相关各期数据整理。

由图 4-9 和图 4-10 可以看出，自从 1980 年以来，汽车和钢材的产量都在稳步上升，这两者都经历了一个程度不同的进口替代过程，在这之后出口开始扩张，并且逐渐占领国外市场。但是，这两者的不同点在于，从图 4-9 可以看出，我国汽车产量迅速扩张的同时，其相应的出口量和进口量在经历 2008 年短暂的下滑之后又一路攀升；从图 4-10 可以看出，我国钢铁行业在经历 2008 年危机之后，产量和出口量开始放缓，而进口量开始减少。这大体表明了，与钢材行业相比，汽车行业更具竞争力。为了对汽车和钢铁两个行业发展的这种差异进行更具体的分析，下面来研究这两种产品的技术含量。

在理论上，一个产品的技术含量越高，其相对于低技术产品来说价格水平也就越高，因此，在这里用价格水平的提高来代表技术含量的上升。在这里，用进口一单位产品的价格除以出口一单位产品的价格来表示相关产品的技术含量。由图 4-11 可以发现，我国汽车产业的发展有了比较明显的提升，表现为出口的技术含量相对于进口的技术含量来说，有了比较大幅度的提高；我国钢材产业的发展却没有什么进步，表现为进口产品的技术含量越来越高于出口产品的技术含量。汽车出口技术含量的提升一方面表明了合资车开始出口，另外一方面也说明了国产自主品牌汽车的快速发展①。钢材技术水平持续走低,这说明了我国钢铁行业发展仍然相对比较落后,技术创新能力比较低,这从目前钢铁行业是我国去产能的主要行业之一就可以看出这一点。

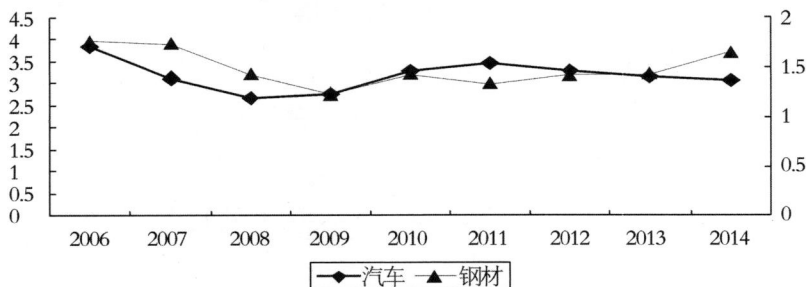

图 4-11　汽车和钢材的技术提升程度

另外,为了研究产品产量、出口量之间的关系,下面本章对产量与出口量之间的关系进行格兰杰因果检验②,见表 4-9。

表 4-9　　　　相关产品产量和出口量之间的格兰杰因果检验

	零假设	滞后阶数	F 值	P 值
钢铁	产量不是出口量的格兰杰因果	3	8.54493	0.00179
	出口量不是产量的格兰杰因果	3	2.56832	0.09603
汽车	产量不是出口量的格兰杰因果	2	0.35848	0.70736
	出口量不是产量的格兰杰因果	2	8.36208	0.00734

表 4-9 的检验结果表明,在 1% 的水平上,钢铁产量是其出口量的格兰杰因果,在 10% 的水平上,钢铁出口量是其产量的格兰杰因果;在 1% 的水平上,汽车出口量是其产量的格兰杰因果。格兰杰检验的结果也正好印证了上述结论。

总起来说,虽然很多产品我国产量巨大,但是由于国内生产的相应产品的质量水平仍然比较低,国内高层次的需求仍要通过进口来得到满足。这说明,我国各种工业品的生产量巨大,但是产品质量仍然较低或

---

① 虽然合资车这几年也开始出口,但我国目前出口的汽车主要以自主品牌为主,譬如奇瑞、力帆、比亚迪和江淮汽车等。
② 鉴于消费数据的可得性,本章在这里仅仅对产品产量和出口量之间的关系做格兰杰因果检验,而并没有做产品产量与消费量之间的检验。但是,前者之间的关系也同样能够折射出后者之间的关系。

者说居于全球价值链的低端。为了对此进行验证，本章下面对我国出口产品的竞争力状况进行理论与实证上的分析。

4.4 我国现有发展模式的不足

经过 30 多年的经济高速增长，中国似乎已经成为世界的制造"工厂"，世界上很大一部分产品的需求由我国的出口来满足，由此，外部需求在一定程度上影响了我国产业结构的演变。

应该说，迄今为止，我国工业产品的出口更多的是建立在比较优势的基础上，比较优势理论一直作为解释和说明国际贸易存在和贸易利益的主导理论而发挥作用，从亚当·斯密的绝对优势论到李嘉图的比较优势论，再到赫克歇尔-俄林的要素禀赋论以及克鲁格曼等人的新贸易理论，比较优势理论形成了一个比较完整的体系。传统的比较优势理论虽然对于现实有着极强的解释能力，但是它仍然有着其内在的缺陷。

首先，比较优势更多的是从生产供给角度来分析问题的，而忽视了从需求角度来对问题进行把握。实际上，以劳动或自然资源为比较优势的产业，因其所需技术简单、资源容易获得和产品差异小，所以进入壁垒低，更加容易引起过量的投入和产出，造成产品的过剩供给。与此同时，劳动密集型产品又属于需求收入弹性和需求价格弹性都很低的产品，国际市场对这类产品的需求扩张速度十分缓慢，市场容量有限，外部市场的限制使得一国比较优势的发挥大打折扣。在供给过剩和需求不足的情况下，出口产品的价格就会下跌，从而出口这些产品的国家就会面临一种极为不利的贸易条件，以至于从竞争角度看，根据比较优势进行的产业分工对出口却未必有利。

其次，在国际分工的背景下，全球价值链越来越成为跨国公司谋求利润的方式，被发达国家企业所控制。在这种背景下，越来越多的发展中国家依赖于其劳动力等方面的要素禀赋优势加入了经济发展的热潮中，以代工者的身份参与全球价值链中的低端制造型环节的生产，而发达国家凭借自己在技术创新能力和人力资本积累方面的先发优势所发展出的高级要素禀赋比较优势，以主导者身份占据且控制着全球价值链中的核心技术研发、品牌或销售终端等高端环节，形成了发达国家主导的全球价值链的分工格局。更多的研究表明，发展中国家会被锁定在全球价值链的低端。

然而，现阶段我国多数制造业处于全球价值链中的低端环节，很多学者担忧这种情形有可能使我国产业结构被"锁定"，致使高新技术产业低端化，传统产业低技术化的"双低"发展路径（陈佳贵，2005；刘志彪，2007），形成低层次产业结构以及贫困化增长。刘志彪（2007）等认为，中国目前参与到全球价值链分工的企业，绝大多数是处在"被俘获关系"中，既然"被俘获"，充其量可以做到 ODM，但要做到OBM 很难。这种判断非常有利于我们更好地思考我国究竟如何加入到全球产业分工之中，不过他们认为这样就可能会重蹈拉美式贫困增长的覆辙（普雷维什，1962）。目前，由于外部需求压力增大以及我国产品生产成本的逐渐提高，我国原来所具备的比较优势正在失去，因此，我国工业产业结构到了必须进行转型的关键时期。

4.5 小结

本章首先揭示了我国内部需求不足的背景以及外需对其进行弥补的显示状况，然后从理论上对贸易结构与产业结构之间的关系进行了理论分析，利用单位根检验、协整检验以及格兰杰因果检验分析了我国外贸出口结构与产业结构之间的关系，本章证明了 20 世纪 80 年代末期尤其是 90 年代以来我国出口结构主导着产业结构变化的一般化判断。接着，本章从微观角度对我国出口产品的特点进行了分析，结果发现，虽然我国很多产品的出口高速增长，但在增长方式上有些产品（例如钢材）在生产能力迅速增长的同时，产品的设计开发能力和国际竞争力并没有相应得到提高，当经济衰退来临的时候，危机也就不期而至。

以上分析还揭示了我国产业结构的调整越来越偏离国内需求结构的趋势，即我国产业结构演变是建立在国外需求的基础之上，这就预示着我国的国内经济运行潜伏着巨大的波动性风险，而世界性金融危机乃至经济危机的出现使得我国产业结构的调整已迫在眉睫。在这种情况下，我们必须逐渐改变依靠外需的局面，充分调动内部因素来促使我国产业结构真正得到转变①。具体说来，有以下几点：

（1）降低收入不平等，提高国内需求的规模

在全球价值链背景下，由于我国东部沿海地区的区位优势，大量的廉价劳动力从全国各地集聚到东部沿海地区，中国凭借廉价的劳动力优势以代工形式进入发达国家控制的全球价值链体系中，利用全球的市场需求空间来发展我国的产业。但与此同时，由于大量的劳动力从中西部进入东部地区造成了中国的地区间收入水平的扩大，再加上中国至今仍然存在的城乡收入差距使得我国居民收入不平等现象日益严重。收入差距的扩大使得我国没有形成一个规模足够大的需求市场和合理的需求结构。市场需求的缺失又使我国企业没有足够的需求空间来提高其自主创新能力和产业结构水平，最终的结果是中国的产业结构继续依附于发达国家，技术水平不能得到提高，不能形成自己的自主创新产品。与此同时，国内狭窄的高端需求空间也被发达国家占据，产业结构升级受到抑制。

（2）提高有效供给能力，满足需求结构提升的需要

在开放条件下，我国利用劳动力禀赋优势使自己成为具有低成本竞争优势的世界加工厂，跨国公司利用中国这个加工厂来为其做代工生产低端产品，再加上地方政府的引资冲动，使得我国生产的产品大部分都是水平扩张，产品并没有向纵深发展。但是，随着我国经济实力的逐渐增强，人们的需求结构不断向纵深增长。生产的水平扩张与需求的纵深增长使供给与需求之间形成了一个裂开的沟痕。这种情况就会造成有效供给能力不足，需求结构层次高的产品有可能通过进口来弥补，这严重制约了我国产业结构的演进。在这种情况下，需求结构层次的提高就不能够带动国内产业结构的升级。因此，需求空间的扩大和层次的提高只是为产业结构的提升提供了一个必要条件，而只有在需求能够真正促进有效供给的扩大时，一个国家的产业结构才最终能够得到提升。

（3）充分利用要素和需求结构的层次性，促进我国产业结构演变

我国具有庞大的国内需求市场和不同层次的需求结构，这种"阶梯

---

① 实际上，上文提到的钢材和汽车两类产品，汽车之所以竞争力强，也是与高速发展的内需市场紧密相关的。

式"的需求空间可以在一定程度上弥补我国企业技术上的缺陷，而且，国内企业生产所用的要素结构不可能都与该国的要素禀赋结构相一致，像中国这样劳动力要素非常丰富的国家也有部分厂商或机构能够生产资本或技术密集型产品，这种案例在国内屡见不鲜。譬如华为、海尔等企业利用其自身的技术水平走出国门，充分利用了国内和国外两个市场。另外，2007 年中国的"嫦娥一号"顺利升空、2008 年"神舟七号"载人航天飞行的成功以及我国高铁的成功也给了我们很大的启示。我国完全可以利用国内广阔、高速发展的需求市场以及"阶梯式"的需求结构来启动国内高级生产要素以提高自主创新能力，促进产业结构向更高层次迈进。

（4）改革国有企业，提高企业活力

2015 年，中共中央、国务院下发了《关于深化国有企业改革的指导意见》，明确指出："国有企业仍然存在一些亟待解决的突出矛盾和问题，一些企业市场主体地位尚未真正确立，现代企业制度还不健全，国有资产监管体制有待完善，国有资本运行效率需进一步提高；一些企业管理混乱，内部人控制、利益输送、国有资产流失等问题突出，企业办社会职能和历史遗留问题还未完全解决；一些企业党组织管党治党责任不落实、作用被弱化。面向未来，国有企业面临日益激烈的国际竞争和转型升级的巨大挑战。"应该说，国有企业的无效率在社会上基本上得到了公认，对国有企业进行改革非常迫切，这从上文对钢材和汽车的分析中完全可以看出。我国的汽车行业早早就对民营企业放开，形成了合资、国企和民营相互竞争的局面，在激烈的对国内庞大市场的竞争中，民营汽车行业脱颖而出，自主汽车不论是技术含量还是品牌认知度都得到了极大提升，这同时也提升了其出口的能力。反过来看，我国的钢铁行业基本上是被国有企业垄断和控股，技术单一，创新能力不足，竞争力弱，在经济衰退时期面临着巨大的去产能压力。因此，对国有企业进行改革，增加市场竞争度，提高企业研发能力刻不容缓。

5 市场结构、产业政策选择与企业研发

5.1 引言

我国经济发展方式转变的根本在于提高企业的技术创新能力。技术创新本身是一种始于企业竞争的微观行为，但市场主导的技术创新存在着市场失灵的现象，如技术发明的某些公共性会导致发明人无法完全独占其新技术或无法控制其扩散，结果造成企业研发投入的回报率低于其一般的投资回报率，进而导致企业对研发活动的投资规模低于社会的理想水平（Arrow，1962）[①]。另外，投入的高风险也使得一些企业对从事研发研究持非常谨慎的态度。由于这些情形的存在，政府可以运用产业组织政策激励企业的研发活动。

国外学者中，对政府的产业组织政策与企业 R&D 投入关系的研究，或者注重于政府的研发扶持和企业研发投入之间的关系（Capron，

---

① ARROW, KENNETH J. The Economic Implications of Learning by Doing [J].
Review of Economic Studies，1962（29）：155-73.

Van Pottelsberghe, 1997)①，或者注重于产业组织政策的效果（Mohnen, 1997)②，但多数文献认为政府的产业组织政策对于企业R&D投入具有正面影响（David, 1999)③。国内学者研究中，朱平芳、徐伟民（2003）认为，不同来源的R&D支出对企业专利产出的影响是不同的，自筹的R&D支出对专利产出有着显著的正面作用，政府补贴对企业创新的激励并不总是有效的（刘楠、杜跃平，2005；冯宗宪、王青、侯晓辉，2011），政府科研创新补助对企业研发投入具有"挤出"效应（吕久琴、育丹丹，2011），而且政府补贴对不同产业的影响存在着较大差异（姜宁、黄万，2010）。导致上述现象的原因可能在于，企业在申请R&D补贴时倾向于逆向选择，可能会释放出与自身真实类型不相符的信号迷惑政策制定者以获得更有利于自己的R&D补贴（安同良等，2009)④，R&D补贴的增加没有对产业内的领先企业和追随企业进行差别对待，可能仅仅导致模仿创新强度的提高，而非自主创新强度的提高（周绍东，2008）。

对于如何通过产业组织政策推动企业研发，Krugman（1987)⑤指出，扶持性产业组织政策的理论基础是企业的生产活动或研发活动可能具有规模报酬递增的特性。Peretto（1999)⑥在假定研发没有外溢性的基础上指出，政府可以通过使用扶持性的产业组织政策来扩大企业的生产和研发规模，加速资本与技术的积累。吴福象等（2006)⑦则指出垄断和扶持性产业组织政策更能促进企业的研发和创新，冯晓琦等（2005）则认为，应该强化竞争的基础性作用，过分夸大扶持性产业组织政策的作用从长远看只会削弱企业的国际竞争力。另外，陈羽等

① CAPRON H, VAN POTTELSBERGUE. Public Support to Business R&D: A survey and Some New Quantitative Evidence [R]. OECD: Policy evaluation in innovation and technology. Towards best practices, Paris. 1997: 181.
② MOHNEN P. R&D Tax Incentives: Issues and Evidence [M]. Miméo: Universitédu Québec àMontréal and Cirano, 1997.
③ DAVID, HALL. Heart of Darkness: Public- private Interactions inside the R&D BlackBox [R]. Economic Discussion Paper, NO. 1999-W16, Nuffield College Oxford, June.
④ 安同良，周绍东，皮建才. R&D补贴对中国企业自主创新的激励效应 [J]. 经济研究，2009（10）: 87-98.
⑤ KRUGMAN P. The Narrow Moving Band, the Dutch Disease, and the Competitive Consequences of Mrs. Thatcher: Notes on Trade in the Presence of Dynamic Scale Economies [J]. Journal of Development Economics, 1987（XXVII）: 41-55.
⑥ PERETTO P. Cost Reduction, Entry, and the Interdependence of Market Structure and Economic Growth [J]. Journal of Monetary Economics, 1999（43）: 173-195.
⑦ 吴福象，周绍东. 企业创新行为与产业集中度的相关性——基于中国工业企业的实证研究 [J]. 财经问题研究，2006（12）: 29-33.

（2007）认为，企业 R&D 效率与产业竞争强度、市场结构和政府的支持方式均有关，应该动态地安排搭配原则。

综上所述，虽然产业组织政策有弥补企业研发不足的理论可能性，但效果却并不一定令人满意。本章认为，这其中存在的一个重要原因在于政府产业政策的实施或多或少地忽视了产业市场结构特征。实际上，识别产业市场结构特征对制定和实施恰当的产业组织政策极为重要，相同的产业组织政策作用于具有不同产业市场结构特征的产业来说，其效果是截然不同的[①]。因此，本章首先构建一般均衡模型对产业市场结构特征、产业组织政策和企业研发之间的关系进行理论分析，其次结合具体产业市场结构特征讨论相关产业组织政策在企业研发中的适用性问题，最后是本章的结论部分。

5.2　模型设定

5.2.1　家庭部门

设经济体拥有总数标准化为 1 的拥有无限寿命的消费者，效用函数为：

$$U = \int_0^\infty [\ln Q(t)]e^{-\rho t}dt \tag{5-1}$$

其中，$Q(q_1(t),...,q_n(t)) = (\sum_{i=1}^n q_i^\alpha)^{1/\alpha}$，N 代表产品的种类，$q_i$ 代表第 i 种产品的数量，$Q(t)$ 是总产量指标，$\alpha \in (0,1)$ 代表消费者对产品多样性的偏好程度，其取值越大表示偏好程度越弱，ρ 是时间偏好率。

遵循 Grossman 和 Helpman（1991）[②]的框架，消费者的最优化问题可以分两步进行：首先，设其总消费支出是 E，每种产品的价格为 p_i。则每个产品的需求为：

---

① 例如，在 2014 年 7 月份李克强总理主持召开经济形势座谈会上，董明珠直截了当地表示，家电节能补贴政策容易带来寻租交易空间。我们（家电产业）不需要国家的产业政策扶持，只要有公平竞争的环境，企业自己就可以做好。
② GROSSMAN GENE M，HELPMAN E. Quality Ladders in the Theory of Growth [J]. Review of Economic Studies，1991（58）：43-61.

$$q_i = \frac{p_i^{\frac{1}{\alpha-1}}}{\sum_{i=1}^{n} p_i^{\frac{\alpha}{\alpha-1}}} E \tag{5-2}$$

其次，关于消费者总支出的最优路径，可以得到常见的跨期支出条件，总支出的增长率满足：

$$\frac{\dot{E}}{E} = r(t) - \rho \tag{5-3}$$

其中，$r(t)$ 为 t 时点的即时利率。

5.2.2 企业部门

设经济体只存在一个产业，该产业中存在着 N 个生产差异性产品的企业，并假定每个企业只生产一种产品，则企业数目等于产品种类的数目。已知每个企业面临的需求函数（5-2）式后，假定企业 i 在其他企业的价格不变时决定自己的最优定价，并且进行的是伯川德式竞争，求解可得在伯川德-纳什均衡中为：

$$p_i = \frac{\eta_i}{\eta_i - 1} c_i = \frac{1 - \alpha\lambda_i}{\alpha(1 - \lambda_i)} c_i \tag{5-4}$$

$$\pi_i = \frac{\lambda_i}{\eta_i} E = \frac{\lambda_i(1 - \alpha)}{1 - \alpha\lambda_i} E \tag{5-5}$$

其中，$i = 1, ..., N$，π_i 为第 i 个企业的利润，c_i 为第 i 个企业的平均成本，λ_i 为第 i 个企业的销售收入所占的份额 $\lambda_i = \frac{p_i^{\frac{\alpha}{\alpha-1}}}{\sum_{j=1}^{n} p_j^{\frac{\alpha}{\alpha-1}}} = \frac{p_i q_i}{E}$，$\eta_i$ 为第 i 种产品的需求价格弹性 $\eta_i = \frac{1 - \alpha\lambda_i}{1 - \alpha}$。

假设企业的生产函数为：

$$q_i = Z_i^{\theta} L_{q_i} \tag{5-6}$$

其中，$0 < \theta < 1$，Z_i 表示第 i 个企业的技术水平，L_{q_i} 为投入到第 i 种产品生产中的劳动数量，参数 θ 反映了技术在生产中的贡献率[1]。将工资正规化为 1 之后，企业的平均生产成本 c_i 为其技术水平函数：

---

[1] 在本章中，我们不认为其仅仅反映了技术在生产中的贡献率，而且也在很大程度上表征了产业市场结构特征，这与现实是相吻合的。具体说来，对于某一特定产业来说，市场越趋于竞争，参数 θ 值就会越大，技术在企业产品的生产中的地位就会越高，这在（5-7）式中也有体现。

$$c_i = Z_i^{-\theta} \tag{5-7}$$

（5-7）式表明，企业的技术水平越高则平均生产成本水平越低，这与现实相符。另外，设企业的研发函数为：

$$\dot{Z}_i = Z_i^{1-\varphi} S_i^{\varphi} L_{Z_i} \tag{5-8}$$

其中，$0 < \varphi < 1$，L_{Z_i} 为企业 i 投入到研发中的劳动数量，Z_i 为企业 i 的自有技术存量，S_i 代表企业 i 可利用的来自于外界的技术溢出，参数 φ 和 $1-\varphi$ 分别代表自有技术和外溢技术对研发劳动生产率的贡献比例。在这里，本章设外溢技术 S_i 的形成满足：

$$S_i = (\frac{1}{\lambda_i} - 1)Z_i \tag{5-9}$$

其中，$\lambda_i \equiv z_i / \bar{z}$，表示发展中国家企业技术水平 z_i 和发达国家技术水平 $\bar{z}$ 的比例，该值小于 1，且其取值越大表示发展中国家与发达国家的技术差距越小。（5-9）式表明发展中国家企业的外溢技术来自于发达国家（$(\frac{1}{\lambda_i} - 1)$ 项）和其自身的技术存量（Z_i 项）。前面一项表示，发展中国家企业可以利用来自于发达国家的技术，技术差距越大，可利用的发达国家技术就越多；后一项表示发展中国家企业自身的技术能力是影响其技术吸收能力的一个重要因素。此外，假定发达国家的技术水平按照一个外生给定的增长率增长：

$$\dot{\bar{z}}/\bar{z} = \bar{g} \tag{5-10}$$

5.2.3　市场结构

影响和决定市场结构的因素主要有：买卖者的数量和分布、产品差异化程度、进入壁垒或障碍、厂商的规模经济收益等和诸如产业政策等的制度因素。前者是行业的技术特征，而后者意味着可以通过政策实施在一定程度上改变企业数目、规模以及它们间竞争程度的大小。本章着重讨论的是后者如何作用于前者，进而激励企业的研发行为。

进入壁垒包括结构性的壁垒和政策性的壁垒，因此，本章主要分析的是政策性壁垒，并通过参数 β 描述。设该市场在 t 时点的进入成本为 β，企业将在考虑进入成本和进入收益（进入后净现金流的贴现值）前提下自由选择是否进入市场，该进入成本反映了相关政策或制度因素。

5.3　模型分析

5.3.1　均衡设定

设每个企业的目标都是最大化其贴现的净现金流，也即企业的价值：

$$V_i = \int_0^\infty R(t) \prod_i(t) dt \qquad (5-11)$$

$$\prod_i = (P_i - Z_i^{-\theta}) q_i - L_{z_i} \qquad (5-12)$$

其中，$R(t) \equiv EXP(-\int_0^t r(t) dt)$ 为 t 时点的贴现利率，$\prod_i$ 为企业在 t 时点的净利润。在均衡情况下，每个企业在时间 t 的策略是假设其他企业产品价格已经确定的的条件下选择其研发投入，即 $a_i = L_{z_i}(t)$，$t \in [0, \infty)$[①]。设 N 个企业的策略形成的策略集是 $A_N = (a_1, \cdots, a_n)$，并定义 $V_i[N, A_N]$ 为，市场上有 N 个企业、且这些企业的策略集为 A_N 时企业 i 的价值。

本章认为，企业是否有能力进入某一产业是与其自身技术水平和吸收外溢技术的能力紧密相关的，即如果对自有技术水平要求越高，则表明企业进入该产业越是困难，获利更为困难。如果企业能够更容易获取外溢技术，则其越容易进入该产业，获利也更为容易。为了简化分析，我们设定发展中国家企业在初始时点的技术存量相等，即每个发展中国家企业在博弈中都是对称的 $z_{0i} = z_0$。因此，进入某一产业中企业数量 N 的决定方程为：$N = f(\frac{S_i}{Z_i})$。其中，$\partial f / \partial S_i > 0$，$\partial f / \partial Z_i < 0$。为了分析方便起见，可以将其简单表示为 $N = (\frac{S_i}{Z_i})^{\gamma}$[②]，其中，$0 < \gamma < 1$。企业进入

---

　　① 在严格意义上，每个企业的策略应包括研发劳动投入和产品的定价，但由于企业的定价肯定满足静态下的优化条件，所以在决定了研发投入时，企业在每个时点的技术水平和成本水平就已经确定，从而相当于确定了企业的定价水平。
　　② 该式中的企业数量 N 并不一定是一个整数，这只是为了表述简单，并不影响本章的主要结论。

一个产业的目的是使其利润最大化，因此进入某一产业的企业数量 N 不可能无限增加，N 在均衡条件下可以定义为 $V_i[N, A_N] \geqslant \beta > V_i[N+1, A_{N+1}]$，$N > 1$。即给定企业数目 N 和其他企业的策略，企业的策略选择将使得该企业的价值最大化。当企业数目再增加一个时，企业间的策略博弈将使得每个企业的价值不大于其进入成本。在这种情况下，企业数目和每个企业的策略选择达到均衡。

企业的动态行为包括选择在每个时点 t 的研发劳动投入和定价，最大化企业价值。假设企业在博弈初始时刻决定自己在每个时点的研发劳动和定价时，拥有对每个时点其他企业定价和企业数目的预期，但认为外溢技术大小是给定的外生因素①。因此，对于企业 i 而言，其动态行为策略是最优控制问题，即由（5-8）、（5-11）、（5-12）式组成的 Hamilton 方程为 $H \equiv EXP(-\int_0^t r(t)dt)[(P - Z^{-\theta})q - L_z + mZ^{1-\varphi}S^\varphi L_z]$，经过整理求解可以得到：

$$r_z \equiv r(t) = \theta(\frac{S}{Z})^\varphi L_q - \varphi\frac{\dot{S}}{S} \tag{5-13}$$

r_z 为企业进行研发投资的收益率。通过（5-13）式可知，外溢技术与自有技术的比率越大，则研发收益率越高，可以将其称之为技术外溢的静态外部效应；收益率和外溢技术的增长率成反比，这是因为外溢技术的增加说明其他企业的技术水平也将增加，从而企业在某个时点的研发投入带来的动态收益减少，这可以看作技术外溢的动态外部效应。

设进入均衡时企业的个数为 N，由以上分析可以知道，这时企业的价值为 $V[N, A_N]$，进入均衡要求 $V[N, A_N] = \beta$。另外，在均衡下，进入企业的收益将由无套利条件决定，即企业投资的收益等于市场均衡利息 $rV = \prod + \dot{V}$，则进入均衡条件可以表示为 $r_N \equiv r = \frac{\prod}{\beta} = \frac{\pi - L_z}{\beta}$。其中，$r_N$ 为新进入企业的投资收益率，π 为企业销售利润。

由（5-4）、（5-5）式以及 λ_i、η_i 表达式，上式改写为：

---

① 该设定的合理性在于，不同企业的研发行为相较于生产行为更难以为企业所了解，所以企业很难考虑自身的研发对公共技术集大小的影响。

$$r_N = \frac{NL_q - (\varepsilon - 1)(N - 1)L_z}{\beta(\varepsilon - 1)(N - 1)} \tag{5-14}$$

其中，$\varepsilon = \dfrac{1}{1 - \alpha}$，表示产品间替代率（$\varepsilon > 1$）。由于研发和组织新企业进入市场的投入所带来的收益在后期才能实现，所以这两种行为实质上都是投资行为。假设这两种投资的资金都将在一个完备的资本市场上筹集，则资本市场均衡要求两个收益率相等：

$$\theta\left(\frac{S}{Z}\right)^\varphi L_q - \varphi\frac{\dot{S}}{S} = \frac{NL_q - (\varepsilon - 1)(N - 1)L_z}{\beta(\varepsilon - 1)(N - 1)} \tag{5-15}$$

同时易知劳动力市场均衡要求为：

$$1 = NL_q + NL_z + \dot{N}\beta \tag{5-16}$$

即劳动供给应等于生产、研发投资和进入投资的劳动力需求。另外，对总支出进行求解得到 $E = (\varepsilon(N - 1) + 1)\dfrac{NL_q}{(\varepsilon - 1)(N - 1)}$，将其带入到（5-3）式得到：

$$\left(\frac{\varepsilon}{\varepsilon(N - 1) + 1} - \frac{\varepsilon - 1}{(\varepsilon - 1)(N - 1)}\right)\dot{N} + \frac{\dot{N}}{N} + \frac{\dot{L_q}}{L_q} = r - \rho \tag{5-17}$$

这样，一般均衡过程就由方程（5-15）、（5-16）和（5-17）式表述。

5.3.2 一般均衡分析

将（5-9）式带入（5-13）式，并考虑稳态下 N、L_q、L_z 和 χ 为常数，则有：

$$r_z = \theta\left(\frac{1}{\chi} - 1\right)^\varphi L_q - \varphi\frac{\dot{Z}}{Z} \tag{5-18}$$

$$r = \rho \tag{5-19}$$

$$1 = NL_q + NL_z \tag{5-20}$$

此外，在发达国家技术水平按照外生给定的增长率 $\bar{g}$ 增长的假定下，发展中国家的技术水平增长率 $g \equiv \dfrac{\dot{Z_i}}{Z_i}$ 满足 $g = \dfrac{\dot{\chi}}{\chi} + \bar{g}$。根据（5-8）式和（5-9）式，当 $\chi = 0$ 时就有 $g = \bar{g} = \left(\dfrac{1}{\chi} - 1\right)^\varphi L_z$，此时（5-18）式可

写为，$r_z = \theta \bar{g} \dfrac{L_q}{L_z} - \varphi \bar{g}$，将其带入到（5-18）式有 $\dfrac{\rho + \varphi \bar{g}}{\theta \bar{g}} L_z = L_q$，将（5-20）式带入可得：

$$L_z = \frac{\theta \bar{g}}{(\rho + (\theta + \varphi)\bar{g})N} \qquad (5-21)$$

显而易见，L_z 关于 N 的曲线斜率为负，由此可以发现，劳动力市场达到均衡状态时，当企业数目增加（减少）时，企业的研发劳动投入变小（大）。在均衡状态下，由 L_q 表达式可知，企业生产劳动的投入和研发劳动的投入成一个固定比例。由此可以发现，在劳动总数固定不变的前提下，企业数目的增加（减少）将会同比例的减少（增加）每个企业用于研发和生产的劳动者数量，这表现为劳动存量的重新配置。

将 $N = (\dfrac{S_i}{Z_i})^\gamma$ 带入到（5-8）式中，则 $\dfrac{\dot{Z}}{Z} = N^{\frac{\varphi}{\gamma}} L_z = \bar{g}$，求解得到 L_z，将其带入到（5-21）式可以得到：

$$g = \frac{\theta N^{\frac{\varphi}{\gamma}-1} - \rho}{\theta + \varphi} \qquad (5-22)$$

在这里，将该曲线命名为 LL 曲线，表示劳动力市场均衡时市场结构和研发增长之间应遵循的关系。将（5-14）、（5-18）和（5-19）式联立可以得到：

$$L_z = \frac{\rho \beta \theta \bar{g}(\varepsilon - 1)(N - 1)}{N(\rho + \varphi \bar{g}) - \theta \bar{g}(\varepsilon - 1)(N - 1)} \qquad (5-23)$$

该式定义了一个 N 和 L_z 之间的曲线，该曲线表示资本市场均衡时两者之间应遵循的关系，易证该曲线的斜率为正。由此可以发现，当资本市场达到均衡状态时，企业数目增加（减少），企业的研发劳动投入变大（小）。由于企业生产劳动的投入和研发劳动的投入成一个固定比例，因此企业数目的增加（减少）将会同比例的增加（减少）每个企业用于研发和生产的劳动者数量，这表现为更多（更少）劳动者参与就业。

另外，（5-23）式揭示了，当企业数目固定时，反映市场结构性质

的外生参数 β 对企业研发投入的影响：$\dfrac{\partial L_z}{\partial \beta} > 0$，即进入壁垒的提高将增加企业研发的劳动投入。所以，当企业数目增加（减少）时，在资本市场达到均衡状态下，如果进入壁垒变大（小），那么企业的研发劳动投入变大（小），进而发展中国家的相对技术差距越小（大）。

不过，在得出这个结论的同时必须认识到，该结论是建立在伯川德式竞争机制基础上。这一点可以从（5-23）式看出：首先，当单个企业在该产业中具有支配地位时，即 $N = 1$ 的情况，企业的研发投入为零；其次，这也提示我们，如果扶持性产业组织政策能够在避免企业间竞争程度下降的基础上，提升产业的整体获利水平，这种扶持性产业组织政策才可以促进企业的研发投入。由此可以发现，扶持性产业组织政策的实施不应对市场竞争机制造成破坏。否则，扶持性产业组织政策导致的进入壁垒提升的正面效应将为产品间替代率减弱的负面效应所抵消。

将 $N = \left(\dfrac{S_i}{Z_i}\right)^{\gamma}$ 带入（5-23）式得到：

$$g = \frac{\rho[1 - \beta(\varepsilon-1)(N-1)\theta N^{\frac{\varphi}{\gamma}-1}]}{(\theta(\varepsilon-1)-\varphi) - \dfrac{\theta(\varepsilon-1)}{N}} \tag{5-24}$$

在这里，将其命名为 RR 曲线，该曲线表示资本市场均衡时市场结构与企业研发增长之间应遵循的关系。

由（5-22）式可知，当 $1 > \varphi > \gamma > 0$ 时，$\dfrac{\partial g}{\partial N} > 0$，这表明获得技术外溢在后发国家企业技术进步中占据着一个重要地位，而由于该产业受到了一定的政策保护，这相当于该产业中的企业具有一定的垄断力量，此时 LL 曲线为递增曲线；当 $1 > \gamma > \varphi > 0$ 时，$\dfrac{\partial g}{\partial N} < 0$，这种情况相当于充分竞争产业，在该产业中，后发国家企业技术水平与发达国家差距不大，技术外溢显得并不那么重要，此时 LL 曲线为递减曲线。如果参数取值满足 $\theta > \rho$[①]，则在第一种情况下，LL 曲线一定在第一象限上，在

---

① θ 的含义在上文已经解释过，因此，$\theta > \rho$ 表示该产业存在着一定的竞争。

第二种情况下也至少有一部分是在第一象限内（这在图 5-1 中用 LL′曲线表示），本章的讨论集中在第一象限。

由于 LL 曲线在第一象限，因此，市场要想达到均衡状态，RR 曲线只有以下两种可能：

A：$N > \dfrac{\theta(\varepsilon - 1)}{\theta(\varepsilon - 1) - \varphi}$ 且 $(N - 1)N^{\frac{\varphi}{\gamma} - 1} < \dfrac{1}{\beta\theta(\varepsilon - 1)}$

B：$N < \dfrac{\theta(\varepsilon - 1)}{\theta(\varepsilon - 1) - \varphi}$ 且 $(N - 1)N^{\frac{\varphi}{\gamma} - 1} > \dfrac{1}{\beta\theta(\varepsilon - 1)}$

容易证明，当 $\theta(\varepsilon - 1) > \dfrac{\varphi}{1 - (\beta\varphi)^{\frac{\gamma}{\varphi}}}$ 时，则均衡解的取值区间满足

（A），且 $\dfrac{\partial g}{\partial N} < 0$，$\dfrac{\partial g}{\partial \beta} < 0$；当 $\theta(\varepsilon - 1) < \dfrac{\varphi}{1 - (\beta\varphi)^{\frac{\gamma}{\varphi}}}$ 时，则均衡解的取值区

间满足（B），且 $\dfrac{\partial g}{\partial N} > 0$，$\dfrac{\partial g}{\partial \beta} > 0$。

当参数的取值满足 $\theta(\varepsilon - 1) > \dfrac{\varphi}{1 - (\beta\varphi)^{\frac{\gamma}{\varphi}}}$ 时，这时 N 的取值区间满足

（A），LL 曲线和 RR 曲线可以由图 5-1 表示。

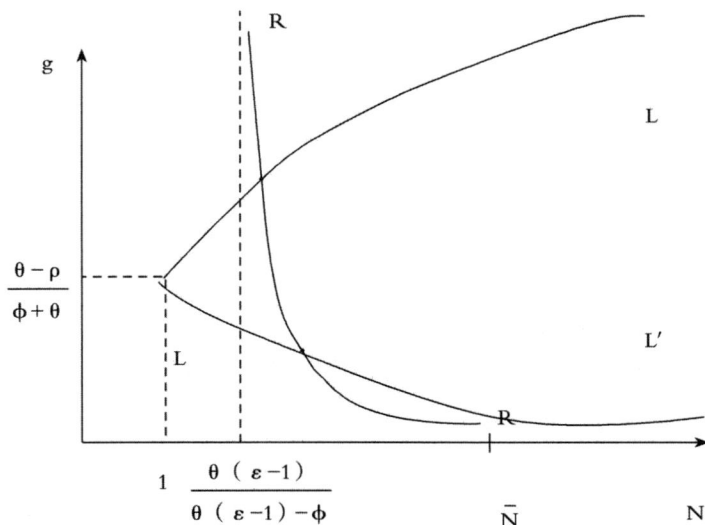

图 5-1 $\theta(\varepsilon - 1) > \dfrac{\varphi}{1 - (\beta\varphi)^{\frac{\gamma}{\varphi}}}$ **时的均衡状况**

从图 5-1 中可以看到，如果企业数目 N 小于均衡时的水平 N* （N* 为 LL 曲线和 RR 曲线的交点）时，假设为 N_1（$\frac{\theta(\varepsilon-1)}{\theta(\varepsilon-1)-\varphi}<N_1<N^*$），LL 曲线对应的增长率 g_{LL} 小于 RR 曲线对应的增长率 g_{RR}。由 g 的定义式知，当两条曲线对应的企业数目同为 N_1 时，这就要求 RR 曲线对应的每个企业的研发劳动投入 $L_z(RR)$ 和 LL 曲线对应的每个企业的研发劳动投入 $L_z(LL)$ 满足 $L_z(RR)>L_z(LL)$。

由于 LL 曲线满足（5-17）式和（5-19）式，所以当 $N=N_1$ 时，$\rho=\theta N_1^{\frac{\varphi}{\gamma}}L_q(LL)-\frac{\varphi g_{LL}}{\theta}$。同样，RR 曲线满足（5-17）式和（5-19）式，当 $N=N_1$ 时，$\rho=\theta N_1^{\frac{\varphi}{\gamma}}L_q(RR)-\frac{\varphi g_{RR}}{\theta}$。因此，由 $g_{RR}>g_{LL}$ 可以得到 $L_q(RR)>L_q(LL)$。

所以，如果 $N_1<N^*$，劳动力市场均衡时对生产劳动和研发劳动的供给都小于资本市场均衡时对两者的需求。由短边法则可知，此时实际的生产劳动和研发劳动投入满足 LL 曲线，其取值为 $L_z(LL)=\dfrac{g_{LL}}{N_1^{\frac{\varphi}{\gamma}}}$，将其带入到（5-20）式得到 $L_q(LL)=\dfrac{1}{N_1}-\dfrac{g_{LL}}{N_1^{\frac{\varphi}{\gamma}}}$。

将 $L_z(LL)$ 和 $L_q(LL)$ 带入到 r_N 和（5-18）式中得到 $N=N_1$ 时研发投资收益率和进入投资收益率分别为：$r_z=\theta N_1^{\frac{\varphi}{\gamma}-1}-(\theta+\varphi)g_{LL}$，

$$r_N=\frac{1-(1+\varepsilon(N_1-1))g_{LL}\Big/N_1^{\frac{\varphi}{\gamma}}}{\beta(\varepsilon-1)(N_1-1)}。$$

很容易能够证明 $r_N>r_z$。因此，当 N 小于稳态值时，进入投资收益率大于研发投资收益率，N 将上升。这就可以证明，在参数取值满足（A）的条件下，均衡是稳定的。

不过，通过图 5-1 可以很清晰地发现，最终的均衡点及可能是 RR 曲线与 LL 曲线相交的一点也有可能是与 LL' 曲线相交的增长率较低的那一点。如果是后者，那么企业自身的研发水平也不一定能够达到最优。

当参数的取值满足 $\theta(\varepsilon-1) < \dfrac{\varphi}{1-(\beta\varphi)^{\frac{\gamma}{\varphi}}}$ 时，N 的取值区间满足（B），

LL 曲线和 RR 曲线可以由图 5-2 表示。

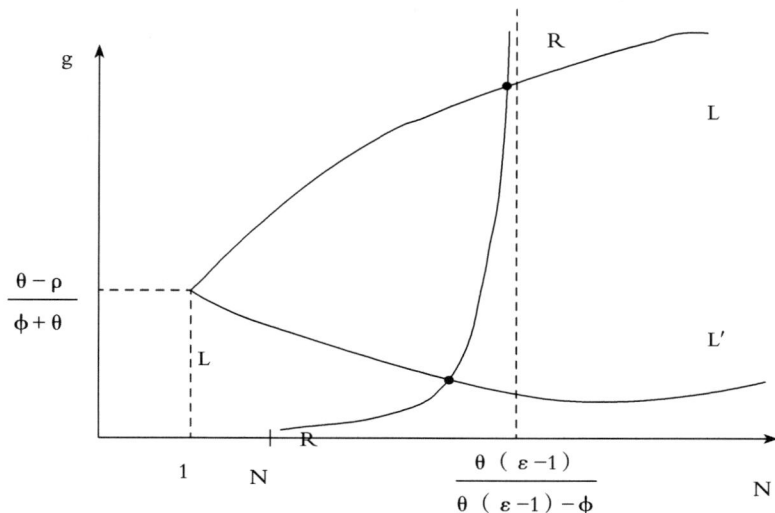

图 5-2 当 $\theta(\varepsilon-1) < \dfrac{\varphi}{1-(\beta\varphi)^{\frac{\gamma}{\varphi}}}$ 时非均衡状况

其分析过程与上一种情况类似，与以上类似的分析可以证明，在参数取值满足（B）的条件下，均衡是不稳定的。主要机制是当 $N < N^*$ 时，$r_N < r_z$，N 将进一步下降，这将形成恶性循环，因此该均衡是非稳定的。

5.4 模型应用

以上理论分析显示，不稳定状态下企业自身的研发水平不可能达到最优。实际上，即使在均衡状态下，也不一定能够达到最优。由图 5-1 可以发现，RR 曲线既可能与 LL 曲线相交于增长率较高的一点，也可能与 LL′ 曲线相交于增长率较低的那一点。如果是后者，企业自身的研发水平也不能够达到最优，而这与产业市场结构特征密切相

关。由此，为了使企业研发达到最优，政府就必须运用产业组织政策对企业研发进行引导，而有效的产业组织政策必须要与产业市场结构特征相结合。

（1）过度竞争、产能过剩产业

对于过度竞争、产能过剩的产业，单纯依靠市场机制引导企业研发不仅耗时，而且效果也并不佳。实际上，后发国家企业所要进入的领域是技术比较成熟、市场需求空间已经存在的产业，因此企业容易"英雄所见略同"，形成"产业潮涌"现象（林毅夫，2007）[①]。由此，单个企业很难积累足够的研发资金。而当产业转入买方市场的成熟阶段后，这些企业将无力进行产品升级，只能通过降价来争取市场份额，产业处于过度竞争的状态。降价带来利润的急剧下降，导致研发投入和产品升级的资金源泉进一步萎缩，这将促使整个产业停滞于一个低水平、低利润的市场均衡中。在图 5-1 中，表现为 LL' 曲线和 RR 曲线的交点。此时，该产业中企业数目过多，研发效率过低，因此需要政府抬高进入成本，鼓励兼并，通过利润率的上升为企业研发活动提供更多的资金来源，推动 RR 曲线向左移动。

（2）垄断性产业

竞争不足的垄断竞争产业会出现市场竞争机制不完善，市场集中度过高，企业研发能力不足的情形。由图 5-1 可以看出，如果市场壁垒过大，则均衡时企业的数量将小于 LL 曲线和 RR 曲线相交的均衡点。此时，市场集中度虽大，但并没有促使企业加大研发力度，即当企业研发成功带来的成本优势不能通过市场竞争充分转换成市场份额的增加时，企业对研发的收益预期将小于其研发投入，即使产业组织政策的实施有助于在位企业形成较大的规模，使之在研发活动上更有可能，在位企业也不会从事研发活动，这将陷入图 5-2 所描述的恶性循环中。这就需要政府逐步放宽该产业的进入门槛，诱导更多的企业进入，鼓励竞争，迫使企业加大研发投入。

---

① 林毅夫. 潮涌现象与发展中国家宏观经济理论的重新构建 [J]. 经济研究，2007（1）：126-131.

（3）新兴产业

新兴产业是世界各国关注和推动的重点，但产业发展前景并不是非常明朗。对于发展中国家来说，发展新兴产业尤其是战略性新兴产业与传统制造业不同，没有既有的成功模式，在一定程度上也是与发达国家一同出发，走一条新的发展道路，存在着很大的风险和不确定性。因此，对于战略性新兴产业的扶持政策是产业组织政策中的关键所在。

具体说来，当 $N < \dfrac{\theta(\varepsilon - 1)}{\theta(\varepsilon - 1) - \varphi}$，由图 5-2 可以知道，此时经济处于非稳定状态，即数量很小的后发国家企业并不具备自主创新的自生能力。因此，在这个过程中，后发国家政府必须对这些产业实行保护政策，通过各种政策措施鼓励更多企业进入。只有当 $N > \dfrac{\theta(\varepsilon - 1)}{\theta(\varepsilon - 1) - \varphi}$ 时，才表明新兴产业在后发国家具备了真正的自生能力，这时政府就可以慢慢地从产业保护政策中退出。当然，就像理论分析所指出的，扶持政策不应对市场竞争机制造成破坏，政府要逐渐增加市场的竞争性，促进公平竞争，最终提高企业的研发效率。

5.5 结论与政策建议

对具体产业市场结构特征的忽视是导致政府产业组织政策促进企业研发效果并不明显的主要原因之一。针对于此，本章通过构建一般均衡模型对这两者之间的互动机制进行了研究，发现不稳定状态下企业自身的研发水平不可能达到最优，即使在均衡状态下，也不一定能够达到最优。在此基础上，本章结合产业市场结构特征对产业组织政策的适用性进行了探讨，并给出了具体的建议。不过，在这里尤其需要注意的是，产业组织政策始终不能违背促进公平竞争的目的，任何产业组织政策的实施过程不应该对市场竞争机制造成破坏，这是国家制定产业发展政策的最终出发点和依据。

6　全球价值链、市场进入门槛与新兴产业发展

6.1　引言

经济全球化背景下生产环节跨国界垂直分布现象，早在 20 世纪 60—70 年代就已有学者注意到了，Balassa（1967）①首次将这种现象称之为垂直专业化，即全球价值链分工。20 世纪 90 年代以来，伴随着经济全球化进程的加快，世界制造业生产体系在全球出现了前所未有的垂直分离和重构，大量的中间产品外包使得国际分工出现了巨大变化。其主要表现为劳动密集型工序与资本、技术、知识密集型工序生产之间的分离，并且有越来越多的国家参与到这种分工活动中，分工的细化导致了国与国之间的比较优势更多地体现为全球价值链上某一特定环节的优势，而非传统的最终产品优势。在这种新的生产模式下，发展中国家产

---

① BALASSA, BELA. Trade Liberalization among Industrial Countries［M］. New York: McGraw-Hill, 1967.

业结构能否升级就成为了目前学术界研究的重点之一。

20 世纪 80 年代以来，垂直专业化分工在中国以加工贸易的形式取得了长足发展。如图 6-1 所示，自从 1981 年以来，我国加工贸易出口在出口总额中所占的比重持续提高。1981 年中国加工贸易出口占全国总出口的比例为 4.8%，而到了 2004 年则进一步上升至最高的 55.3%，这使得我国出口加工贸易在总出口中所占据的份额超过了半壁江山。

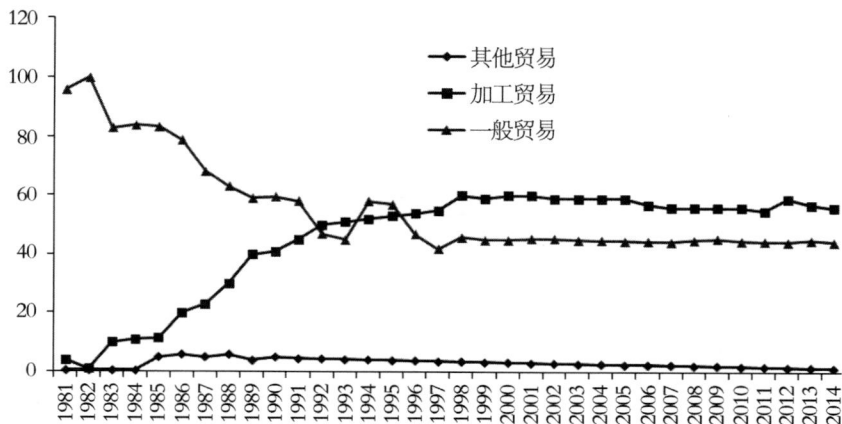

资料来源　《中国统计年鉴》（2015）。

图 6-1　按贸易方式分各种出口贸易类型在我国总出口中所占比重（%）

Campa 和 Goldberg（1997）以及 Hummels（2001）等人的经验研究表明，垂直专业化分工使全球中间品贸易在国际贸易中的比重大大上升，对各国的生产效率以及出口绩效产生了重大影响。Grossman 和 Helpman（2002）[①]在运用一般均衡模型分析企业生产经营的内部化和外包的决策行为时发现，企业采取外包这种垂直专业化分工的经营模式，不但可以降低企业的经营管理成本，而且还可以获得专业化分工生产时的"干中学效应"所带来的利益。Jabbour 和 Mucchielli（2004）、Jabbour（2005）证实了垂直专业化分工可以成为技术扩散的途径。Amighini（2005）对中国 ICT 产业的分析表明，中国在这类产业的国际垂直分工中从低端起步，从技术扩散中获益，这对整个国家的产业升级都产生了积极影响。张小蒂和孙景蔚（2006）对中国的研究也表明，国

---

① GROSSMAN，GENE M，ElHANAN HELPMAN. Outsourcing in Global Economy [J]. NBER Working Paper No.8728，2002.

际垂直专业化分工有利于我国劳动生产率和产业技术水平的提高,从而对产业竞争力的提升产生了积极影响。

但是,另外有很多学者认为,虽然在此过程中我国企业会获得"干中学"和技术外溢所带来的技术进步,但是这种进步水平很可能是有限的。刘志彪(2007)认为,在全球价值链中,由被俘获关系表现的价值环节提供了一条快速的产品升级和工艺升级的轨道。被全球买者"抓住"的企业可能会进步得更快。然而,中国企业被一体化进入这种价值链后,具有双重效应:尽管它使当地企业更容易包含在其中,强化了产品和工艺升级的能力,但是它也会阻碍功能的进一步升级,尤其是在设计、品牌和营销方面的进步,会与全球买者的核心能力之间发生冲突。张杰和刘志彪(2007,2013)认为,在全球价值链背景下,发展中国家以代工者的身份参与全球价值链中的低端制造型环节的生产,而发达国家凭借自己在技术创新能力和人力资本积累方面的先发优势所发展出的高级要素禀赋比较优势,以主导者身份占据且控制着全球价值链中的核心技术研发、品牌或销售终端等高端环节,形成了发达国家主导的全球价值链的分工格局。因此,发展中国家所获取的"干中学效应"和技术外溢规模必然是有限的,这使得我国产品较长时间被"锁定"在世界制造业的低端,而改变这种现状的方法在于对自身技术创新能力的培育。

当前,培育和发展战略性新兴产业,寻求新一轮经济增长动力,已经成为世界主要国家应对金融危机、实现经济可持续发展的共同选择。对于经济亟需转型的我国来说,发展战略性新兴产业尤为迫切。不过战略性新兴产业在培育发展、初创阶段,往往会面临缺乏产业发展规划、技术不成熟或主导技术不明确、资金支持不足、商业模式及制度创新等发展瓶颈。所以,为了消除战略性新兴产业发展过程中面临的诸多瓶颈,有必要借助政府的"有形之手"来较好地达到这一产业发展目标(邓聿文,2010)[①]。从中央政府层面来看,我国加快培育发展战略性新兴产业的决心显而易见,连续出台一系列政策,形成了推进战略性新兴产业发展的"指导意见——'十二五'总体规划——各专项规划——配

---

① 邓聿文. 发展战略性新兴产业离不开发挥政府作用 [N]. 上海证券报,2010-09-21.

套政策措施"一套完整的政策体系；从各级地方政府来看，纷纷确定了自己的战略性新兴产业发展领域，并出台了若干鼓励政策及支持措施（董晓宇等，2010）。在政府的鼓励和大力扶持下，战略性新兴产业在我国获得了快速发展。周晶（2012）①指出，2010 年我国战略性新兴产业增加值达到了 25513.71 亿元，占 GDP 的比重为 6.36%，东部产业发展规模优势明显。"十二五"规划指出，到 2015 年我国战略性新兴产业增加值要占到国内生产总值的 8%左右。

不过，虽然我国战略性新兴产业在总量上突飞猛进，但刘志彪（2012）②发现江苏不少战略性新兴产业的发展已经面临长期处于低端和陷入局部困境的严峻形势。张少春（2010）的研究显示，各地的规划中近 80%的地区选择发展节能环保产业，超过 90%的地区选择发展新能源、新材料、电子信息和生物医药业，约 60%的地区选择发展生物育种业，另外有一半的地区选择发展新能源汽车。另外，由于政府部门毕竟离技术前沿较远，容易看错方向，致使个别企业为了获得各级政府的财税金融政策支持而编造"故事"，套取政府给予发展新兴产业企业的资金支持，不仅导致政府资金使用效率低下，而且还产生了"政府失灵"等突出问题。对于形成上述现象的原因，温家宝（2011）③指出，一是无序发展，一些地方热衷于铺摊子，重复投入、重复建设；二是缺乏核心技术，许多领域还处于起步和跟踪模仿外国技术阶段；三是条块分割，科技资源分散，产学研脱节。徐冠华（2011）指出，我国战略性新兴产业存在着同质化和重复布局、产业化链条缺失、核心技术缺乏、科技资源分散，科技和产业力量分散等一系列问题。刘志彪（2012）认为我国仍然沿用了过去外向型经济时代发展传统加工贸易的方式来发展新兴产业。

综上所述，虽然各级政府在推动战略性新兴产业快速发展方面功不可没，但同时也是其陷入发展困境的"罪魁祸首"，扰乱了战略性新兴产业发展的正常市场环境：行业进入门槛很低，企业良莠不齐，企业创

---

① 周晶. 战略性新兴产业发展现状及地区分布 [J]. 统计研究，2012（9）：24-30.
② 刘志彪. 当前我省部分战略性新兴产业发展的瓶颈与配套政策研究 [J]. 决策参考，江苏省社科院，2012（10）.
③ 温家宝. 关于科技工作的几个问题 [J]. 求是，2011（14）：1-3.

新能力之间存在着巨大的异质性，创新环境差，企业创新动力不足。

6.2 模型基本框架

设代表性消费者的效用函数为 CES 形式：

$$U = \left(\int_{j \in \Omega} q(j)^\rho dj \right)^{\frac{1}{\rho}} \tag{6-1}$$

其中，集合 Ω 是可获得的全部产品种类的集合；j 代表一种战略性新兴产品，其产量由市场需求情况内生决定。在这里，j 表示了一个行业；q（j）代表第 j 种产品的消费量。假设 $0 < \rho < 1$，这隐含着产品之间是可替代的，任何两种产品之间的替代弹性为 $\varepsilon = \dfrac{1}{1-\rho} > 1$。

根据 Dixit 和 Stiglitz（1977）[①]，加总的价格水平可以表示为：

$$P = \left(\int_{j \in \Omega} p(j)^{1-\varepsilon} dj \right)^{\frac{1}{1-\varepsilon}} \tag{6-2}$$

其中，p（j）为第 j 种产品的价格。加总的价格水平内生于整个经济的供求情况，但是对于作为个体的个人和企业来说是外生的。个人的反需求函数可以表示为：

$$q(j) = U \left(\frac{p(j)}{P} \right)^{-\varepsilon} \tag{6-3}$$

上式经过简单处理可以得到国家 i 对产品 j 的加总市场需求 $q_i(j) = A_{ij} p_i(j)^{-\varepsilon}$。由于产品对称性假设，因此可以省略掉符号 j，把需求函数重新写为 $q_i = A_i p_i^{-\varepsilon}$。将各个国家对同一种产品的需求函数进行加总得到世界市场的需求函数 $\sum_{n=1}^{n} q_i = \sum_{n=1}^{n} A_i p_i^{-\varepsilon}$。如果同一种产品在各个国家的价格相同，则进行进一步整理得到 $Q = A p^{-\varepsilon}$。

假设生产产品只使用一种生产要素即劳动，则可以将生产函数定义为：

$$q(j) = \theta \left(\frac{m}{\alpha_j} \right)^{\alpha_j} \left(\frac{h}{1-\alpha_j} \right)^{1-\alpha_j} \tag{6-4}$$

其中，m 为生产中间产品投入的劳动；h 为把中间产品深化加工成

---

① DIXIT, AVINASH K, JOSEPH, STIGLITZ. Monopolistic Competition and Optimum Product Diversity [J]. American Economic Review，1977，67（3）：297-308.

最终消费品追加投入的劳动，这一部分为产品生产的核心环节，也就是产品链条中最具技术密集度的部分；θ 为企业的生产率水平；$0 < \alpha_j < 1$ 为参数，表示不同中间产品在最终产品中所占的权重，不同的最终产品其中间产品的权重是不同的。

经过简单计算可以得到，生产 1 单位最终产品成本最小化要素投入量为 $m = \dfrac{\alpha}{\theta}$，$h = \dfrac{1-\alpha}{\theta}$。假设发展中国家的工资水平为 w，则单位产品的生产成本为 $c = \dfrac{w}{\theta}$。

不是一般性的，本章假设发展中国家企业面临着两种选择：一是只生产非核心中间产品，进口核心中间产品，然后进行组装并最终卖给发达国家，以垂直专业化方式参与国家分工；二是生产各种中间产品，并进一步深化加工为最终产品，以最终产品参与国际竞争。如果是前一种情况，根据短边规则，产品生产率为发达国家企业的生产率水平 θ^*，需要固定投入 f_M，企业把中间产品卖给发达国家企业存在着一定的国际贸易成本，当然也存在着出口退税等扶持政策，假设这使得成本变为原来的 τ 倍（τ > 0）[①]；如果是后一种情况，则产品生产率为 θ，需要固定投入 f_I。考虑到生产链条延长所带来的额外的投资费用以及管理成本、研发成本等，显而易见，$f_M < f_I$。

为了简单起见，本章在这里假设本国的最终产品生产商只在本国销售其产品[②]。另外，结合我国战略性新兴产业发展情况可以得知，政府对战略性新兴产业的扶持政策不仅仅表现在出口退税等方面，更表现为各级地方政府在财税、金融以及土地等方面全方位的扶持，这极大地降低了投资战略性新兴产业的成本。假设这可以使成本降低为原来的 ζ 倍，$0 < \zeta < 1$。毫无疑问，ζ 越小则政府的支持力度就越大。

根据上述假设，企业自己生产制成品时的利润为 $\pi = p_i q_i - c q_i = A_i p_i^{1-\varepsilon} - A_i \dfrac{\zeta w_i}{\theta} p_i^{-\varepsilon} - f_I$。由 $\dfrac{\partial \pi}{\partial p_i} = 0$ 可以求得企业利润最大化价格

[①] 出口本身肯定会存在着一定的出口成本，但由于存在着出口退税、税收扶持等政策，类似政策的实施有时不但不会增加成本反而会降低成本。
[②] 之所以做出这样的假设，原因在于，根据 Vernon（1966）产品生命周期理论，在一种产品形成、成长、成熟、衰退的周期中，产品在形成和成长过程中极少出口到其他国家，绝大部分产品都在国内销售，产品只有进入了成熟期之后，才能够大量地出口到国外。因此，根据目前我国战略性新兴产业发展的阶段，做出这样的假设是符合现实情况的。

为 $p_i = \dfrac{\zeta w_i}{\rho \theta}$ 。

假设 $A_i = \delta A$ ，即本土市场占全球市场的比例为 δ ，则发展中国家企业生产制成品时的利润为：

$$\pi_I = \delta A \varepsilon^{-\varepsilon}(\varepsilon-1)^{\varepsilon-1}\zeta^{1-\varepsilon}w_i^{1-\varepsilon}\theta^{\varepsilon-1} - f_I \tag{6-5}$$

假设外国工资水平与本国之间的关系为 $w^* = \beta w$ ，其中 $\beta > 1$ 。另外为了简单起见，令 $w = 1$ 。国内外合作生产单位产品的成本最小化要素投入量为 $m = \dfrac{\alpha}{\theta^*}\beta^{1-\alpha}$ ， $h = \dfrac{1-\alpha}{\theta^*}\beta^{-\alpha}$ ，最小化成本为 $c^* = \tau\zeta\dfrac{\beta^{1-\alpha}}{\theta^*}$ 。由此，发达国家企业和发展中国家企业联合生产制成品的总利润为：

$$\pi_M = p_i q_i - cq_i = A p_i^{1-\varepsilon} - A\tau\zeta\frac{\beta^{1-\alpha}}{\theta^*}p_i^{-\varepsilon} - f_M \tag{6-6}$$

在这里， f_M 代表联合生产的总成本。由 $\dfrac{\partial \pi}{\partial p_i} = 0$ 可以求得企业利润最大化价格为 $p^* = \tau\zeta\dfrac{\beta^{1-\alpha}}{\rho\theta^*}$ 。

假设本土中间产品生产商与外国厂商之间的关系为竞争性的，企业按照自己对产出的边际贡献获得收入，本土企业获取的利润为：

$$\pi_M = \alpha\tau^{1-\varepsilon}\zeta^{1-\varepsilon}\beta^{(1-\alpha)(1-\varepsilon)}A\varepsilon^{-\varepsilon}(\varepsilon-1)^{\varepsilon-1}\theta^{*\varepsilon-1} - f_M \tag{6-7}$$

因此， $\pi_I = \pi_M$ 时的等利润曲线可以表示为：

$$\theta^{*\varepsilon-1} = \frac{\delta}{\alpha\tau^{1-\varepsilon}\beta^{(1-\alpha)(1-\varepsilon)}}\theta^{\varepsilon-1} - \frac{\tau^{\varepsilon-1}\zeta^{\varepsilon-1}(f_M - f_I)}{\alpha A\beta^{(1-\alpha)(1-\varepsilon)}\varepsilon^{-\varepsilon}(\varepsilon-1)^{\varepsilon-1}} \tag{6-8}$$

令 $B = A\varepsilon^{-\varepsilon}(\varepsilon-1)^{\varepsilon-1} > 0$ ，则上式可以转化为：

$$\theta^{*\varepsilon-1} = \frac{\delta}{\alpha\tau^{1-\varepsilon}\beta^{(1-\alpha)(1-\varepsilon)}}\theta^{\varepsilon-1} - \frac{\tau^{\varepsilon-1}\zeta^{\varepsilon-1}(f_M - f_I)}{\alpha B\beta^{(1-\alpha)(1-\varepsilon)}} \tag{6-9}$$

6.3　不同情形下的企业生产模式选择

基于上文的模型，我们可以分析以下情形：

6.3.1　情形 1

当 $\alpha\tau^{1-\varepsilon}\beta^{(1-\alpha)(1-\varepsilon)} > \delta$ 时，其经济学含义是：发展中国家企业参与发达

国家企业所主导的全球价值链能够获取比自己生产制成品更高的利润，具体如图 6-2 所示。在图 6-2 中，横轴代表技术水平（θ^{e-1} 与 θ 具有相同的变化趋势），纵轴代表利润水平 π，坐标系里面的线分别代表利润曲线 π_M 和 π_I。

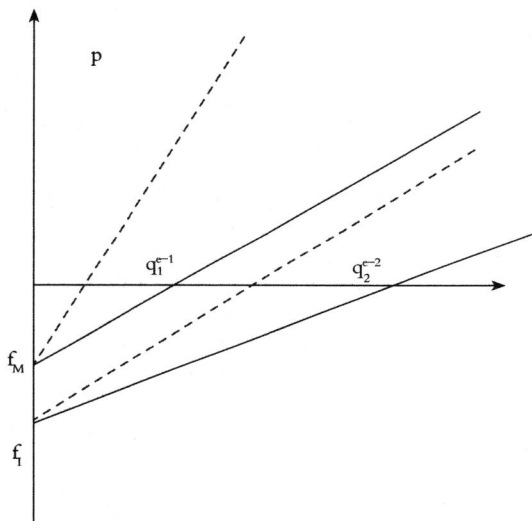

图 6-2　情形 1

由图 6-2 可以看出，在封闭条件下，生产率水平处于 $(0,\theta_1)$ 的企业由于不具备盈利能力，被市场所淘汰；生产率水平处于 (θ_1,θ_2) 的本土企业虽然在封闭条件下不具备盈利能力，但是在全球化背景下可以通过生产中间产品来为发达国家企业代工获得生存的空间。由图 6-2 还可以看出，如果本土企业的技术水平 θ 与跨国公司的技术水平 θ^* 差距太大，在短期内，本土企业想要通过提升技术水平 θ 进入自主生产模式则非常困难，要想进入到该战略性新兴产业中只能通过低端切入方式。

另外，在其他条件不变的情况下，当地方政府的扶持力度增加时（ζ 减少），会导致 π_M 与 π_I 曲线均向上旋转。此时，不具备盈利能力的企业中生产率水平较高的将会参与到国际分工中去，获得了发展的空间；当出口成本 τ 下降时，将会使利润曲线 π_M 同样向上旋转，这使得本土企业通过低端切入的方式进入变得更为容易。

命题 1：在本土战略性新兴企业生产率相对较低的情况下，本土企业为了获得生存就必须抓住机会参与到全球价值链中的低端环节中去，政府的扶持政策使得门槛降低，进入更为容易，但会一直处于被"俘获"的地位。

6.3.2　情形 2

当 $\alpha\tau^{1-\varepsilon}\beta^{(1-\alpha)(1-\varepsilon)}<\delta$ 时，其经济学含义是：为了获取更高的利润，发展中国家生产率水平比较低的企业参与跨国公司所主导的全球价值链；生产率水平比较高的企业自己生产制成品。

具体说来，如图 6-3 所示，生产率水平处于 $(0,\theta_1)$ 的企业不能从事战略性新兴产业；生产率水平处于 (θ_1,θ_2) 的企业虽然在封闭条件下不具备盈利能力，但在全球生产链背景下，它们却可以通过生产中间产品来为发达国家企业代工来获得生存的空间；生产率水平处于 (θ_2,θ_3) 的本土企业，在封闭条件下可以自主生产制成品，但在开放条件下，由于为发达国家企业作代工生产能够获取更高的利润报酬，因此这些企业将会退出生产制成品，而专门生产中间产品；生产率水平处于 (θ_3,∞) 的本土企业将会自主生产制成品。

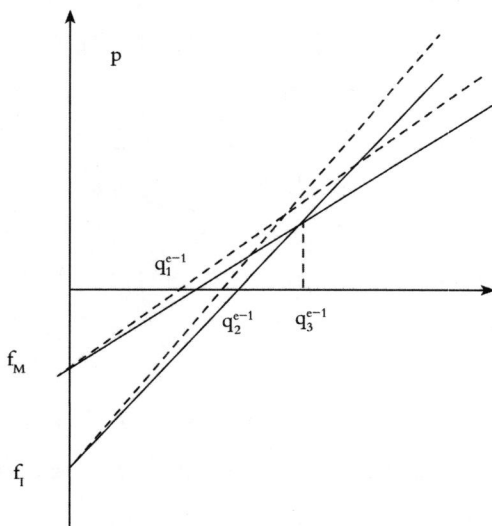

图 6-3　情形 2

在其他条件不变的情况下，如果地方政府的扶持力度加大（ζ 减小），在这种情况下，会导致图 6-3 中的利润曲线 π_M 与 π_I 均向上旋转，其交点（两条虚线相交的位置）与原来的交点相比向左发生了移动。这表明，一方面原来不具备盈利能力的企业中生产率水平较高的企业，通过参与国际分工可以获得盈利能力；另一方面本土企业自主创新的临界点降低，本土企业技术创新变得相对容易了，有利于自主创新；如果出口成本 τ 下降，会导致图 6-3 中的利润曲线 π_M 向上旋转。此时，一方面原来不具备盈利能力的企业中生产率水平较高的企业，通过参与国际分工获得了盈利能力；另一方面出口成本下降会使自主研发企业中技术水平较低的企业转向引进技术，参与到国际分工中去，自主创新的临界点上升。

命题 2：政府加大对战略性新兴产业的扶持力度会推动各类企业全面快速发展；出口成本降低在加快战略性新兴产业快速发展的同时，会使产业进入门槛降低，导致产业逐渐低端化[①]。

命题 2 显示，各级政府不设门类、不分标准的盲目的扶持政策正是战略性新兴产业"遍地开花"的主要原因。在本土企业还没有形成对外竞争优势，主要还是以加工贸易形式参与国际贸易的情形下，一国出口退税等政策的实施一方面会使战略性新兴产业进入门槛下降，导致本土企业自主创新倾向下降，产业低端化，另一方面会强化地方政府的扶持政策，致使新兴产业进一步扩张，最终形成产能严重过剩。

其次，在其他条件不变的情况下，如果本土市场空间 δ 增加，则 π_I 曲线向上移动，π_M 曲线不变。这使得 π_M 与 π_I 曲线的交点左移。在这种情况下，本国市场空间的扩大对行业进入门槛没有影响，原因在于生产力水平较低的企业参与了国际垂直专业化分工，其利润水平受国际市场空间的影响，不受国内市场份额的影响。由此，本国市场

---

① 需要着重强调的一点是，本章之所以得出出口导向政策会导致战略性新兴产业低端化倾向是因为本章假设我国本土战略性新兴产业还处在起步阶段，还不具备自主生产、出口的能力。实际上，产业发展基本遵循这个规律。例如，日本在 20 世纪 50 年代开始兴起的汽车、钟表、机械工具、电视机等，一般是国内市场增长 10 年左右，才开始向国际市场渗透；70 年代，电子计算器、复印机、传真机也要经过 2～3 年，源于英国、美国等大国的新兴产业也符合类似的规律。

空间的扩大给具有自主创新能力的企业创造了更大的市场空间，驱动企业创新。

最后，在其他条件不变的情况下，如果本土市场空间 δ 变小，则 π_I 曲线向下移动，π_M 曲线不变。这使得 π_M 与 π_I 曲线的交点右移。在这种情况下，本国市场空间缩小对行业的进入门槛没有影响，但是却使得自主创新的门槛提高，降低了技术创新企业的数量，抑制了企业创新，使得本土企业更容易被发达国家企业所"俘获"。

命题3：本土市场空间扩张不会改变低端企业的进入门槛，但是却会降低具有自主创新能力企业的进入门槛，激励企业研发，推动战略性新兴产业的不断高级化；本土市场空间缩小同样不会改变低端企业的进入门槛，但会提高自主创新的进入门槛，本土企业数量降低，创新能力不足，更容易被发达国家企业所"俘获"。

6.4 模型的拓展分析

显而易见，仅仅通过加工贸易方式参与到由跨国公司所控制的全球价值链体系并不能够推动我国战略性新兴企业技术能力提升，现实情况也证实了这一点。当然，在我国大多数战略性新兴产业都处于较低层次的背景下，仅依靠国内需求推动其成长也并不现实。结合上文理论分析，本章认为，通过提高我国战略性新兴产业的进入门槛，进而将加入全球价值链所获取的"干中学效应"与本土的"母市场效应"相结合，并辅之以相应政策，能够有效地提升本土企业的技术水平。

具体说来，一方面，高速发展的市场空间 δ 能够为企业的技术创新行为提供关键性的市场支持，这可以称为技术进步的"母市场效应"；另一方面，就某一企业来说，其技术水平与 π_M/π_I 有着很大的关系，该值越大则表明参与全球产业链越是有利可图，本土企业越是愿意选择生产中间产品，通过加入产业链来获取技术，这被称为"干中学效应"。由此，可以将本土企业技术进步过程表示为 $\theta = f(\pi_M/\pi_I, \delta)$。其中，

$\frac{\partial f}{\partial(\pi_M/\pi_I)} > 0$、$\frac{\partial^2 f}{\partial(\pi_M/\pi_I)^2} < 0$[①]，这是因为，一阶条件表明 π_M/π_I 越大则本土企业越能够通过中间产品生产而学习到更多的技术，二阶条件表明"干中学"的技术学习效应是有限的[②]。另外，$\frac{\partial f}{\partial \delta} > 0$、$\frac{\partial^2 f}{\partial \delta^2} > 0$，这表明本土市场空间越大则本土企业的自主创新能力越强，而且随着市场空间的持续扩大其技术创新能力将持续增强。

由于工资水平越高人们对某一高层次产品的购买能力就越强，因此本章将市场空间 δ 看做是相对工资水平 β 的函数也就是 $\delta(\beta)$，其中 $d\delta(\beta)/d\beta < 0$，这说明发展中国家的工资水平越高则其市场空间也就越大，从而自主创新能力就越强[③]。

因此，可以将发展中国家企业技术进步函数重新改写为：

$$\theta = f(\frac{\pi_M}{\pi_I}, \delta) = f(\frac{\alpha\tau^{1-\varepsilon}\beta^{(1-\alpha)(1-\varepsilon)}\theta^{*\varepsilon-1} - \frac{f_M}{B\zeta^{1-\varepsilon}}}{\delta(\beta)\theta^{\varepsilon-1} - \frac{f_I}{B\zeta^{1-\varepsilon}}}, \delta(\beta)) \qquad (6-10)$$

当 $\pi_M > \pi_I$ 时，这使得本土企业的技术进步更多的来自于参与中间产品的生产，通过"干中学效应"来获取更多的技术，而本土市场效应 δ 在这个时候发挥的效应居于次要地位。此时 $\frac{\partial f}{\partial(\pi_M/\pi_I)} > \frac{\partial f}{\partial \delta} > 0$，"干中学效应"将促进本土企业技术进步；当 $\pi_M \leq \pi_I$ 时，这种情况下本土企业技术进步主要依靠"母市场效应"。此时 $\frac{\partial f}{\partial \delta} > \frac{\partial f}{\partial(\pi_M/\pi_I)} > 0$，对于发展中国家企业来说，这并不会出现。因此，本章将对第一种情况着重分析。

结合（6-9）式，画出等利润曲线 $\pi_I = \pi_M$，如图 6-4 和图 6-5 所示。等利润曲线向左上方移动表明引进技术与自主研发的技术临界点下降，自主研发企业数量增加；等利润曲线向右下方移动表明引进技术与

[①] 这个假设实际上已经将本土企业被全球价值链"俘获"这样的一种可能性屏蔽掉了。

[②] 如果二阶条件 $\frac{\partial^2 f}{\partial(\pi_M/\pi_I)^2} > 0$，这表明发展中国家企业的技术水平仅仅凭借其"干中学效应"就会超过发达国家企业，不论在理论上还是实践中这都是不可能的。

[③] 在这里需要注意一个问题是，本章所指的工资的增加是由"干中学效应"导致的，而并不是人为增加的结果。由此，工资的增加将会提高人们的购买消费能力，这将导致一国市场空间的扩大。

自主研发的技术临界点上升，自主研发企业数量减少。

接下来，假设其他条件不变来分析本国工资水平变动带来的产业演变。实际上，工资的变动有两种效应，一是随着本国工资水平的上升（β 减少），本国企业参与全球价值链的生产成本上升，利润下降，"干中学"能力会逐渐减弱，这使得等利润曲线向右下旋转，自主研发企业中技术水平较低的企业由于工资成本的上升开始转向引进技术，参与到国际分工中去。总体而言，工资水平的上升使得行业内的进入门槛提高，越来越多的高水平本土企业转向加入全球价值链生产，这是工资上升的"替代效应"。二是本国工资水平的上升会扩大本国的市场空间（δ 增加），这将会诱致本土企业自主创新，等利润曲线向左上方旋转。此时，原来引进技术的企业中，生产率水平较高的企业可能进入自主研发的行列，引进技术与自主研发的技术临界点下降，这是工资上升的"收入效应"。图 6-4 是工资水平上升所带来的"替代效应"，图 6-5 是相应的"收入效应"。

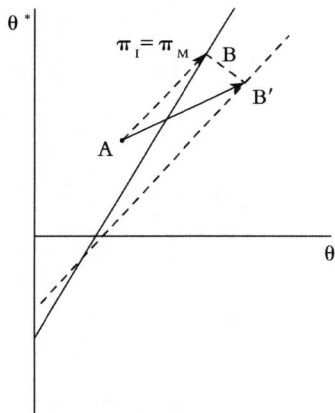

图 6-4 工资上升的替代效应

假设最初发达国家技术水平 θ^* 与发展中国家技术水平 θ 之间的关系在 A 点[①]，随着发展中国家企业的"干中学效应"和"母市场效应"的发挥，A 点将逐渐向等利润曲线 $\pi_I = \pi_M$ 移动，"替代效应"将会使均衡点 B 向右下方移动，这表明引进技术与自主研发的技术临界点上升，

---

① 在 A 点的原因可以理解为，发展中国家的企业正处在学习的过程中，"干中学效应"大于"母市场效应"，只有通过努力"学习"才可以到达等利润曲线上的均衡位置。

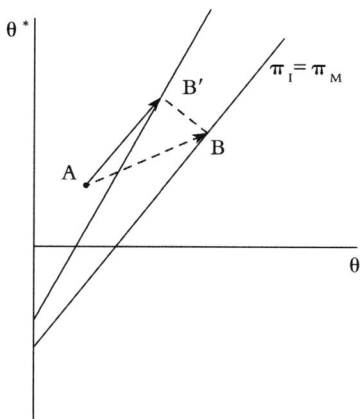

图 6-5　工资上升的收入效应

更多的本土企业转向引进技术，自主研发企业数量减少；"收入效应"将会使均衡点 B 向左上方移动，这表明引进技术与自主研发的技术临界点下降，更多的本土企业转向自主生产，自主研发企业数量增加。

命题 4：工资上升所带来的"替代效应"会使引进技术与自主研发的技术临界点上升，更多的本土企业转向技术引进，自主研发动力减弱；"收入效应"则会使技术引进与自主研发的临界点降低，自主研发动力增加，引致更多的本土企业进行技术创新。

在现实中，正常情形下，"收入效应"会大于"替代效应"。也就是说，随着一国工资水平的上升，其国内市场空间也随之扩大，扩大的市场空间会导致越来越多的企业转向自主创新生产，本土企业会逐渐向价值链高端爬升。当然，如果一国收入差距过大或对市场空间施加人为限制性政策的话，那么在"干中学效应"降低的同时，"母市场效应"并不一定会显现出来，进而企业技术创新将会大打折扣。

6.5　结论与政策建议

这些年来，我国战略性新兴产业获得了快速发展，但在发展过程中也面临着很多问题，低端化倾向比较明显。本章研究发现，虽然我国各级政府在推动战略性新兴产业发展中作用巨大，但由于政府对进入企业的"一视同仁",因此,像出口导向类政策在加快战略性新兴产业快速发展的同时,却降低了产业进入门槛,导致产业低端化。本土市场空间的变化不会改变低端企业的进入门槛,但本土市场空间扩展会降低具有自主创新能力企业的进入门槛,而本土市场空间缩小却会提高企业自主创新的进入门槛。因此,为了提升我国战略性新兴产业的技术水平,政府应提高行业进入门槛,鼓励企业充分利用由融入全球价值链所带来的"干中学效应"和"母市场效应"。不过,在这其中,如果一国存在着收入差距过大或人为的限制性政策等因素的话,那么在"干中学效应"降低的同时,"母市场效应"并不一定会显现出来,这其实表明了"干中学效应"的阶段性以及"母市场效应"的长远意义。

基于此,本章的政策含义包括:第一,与战略性新兴产业相关的产业政策不仅要明确扶持的产业门类,更要鲜明地指出政府不鼓励发展什么,门槛在哪里,以及严格限制发展什么;第二,政府的各种优惠政策(如金融、财政补贴、税收优惠等)要重点向研发环节倾斜,避免过多企业集中于低端,要防止以产能规模为标准对企业进行支持的传统思维惯性;第三,只有内需空间不断扩展才有可能使本土企业有真正意义上的技术创新,因此,政府要通过各种政策措施扩展内部市场空间,为本土企业的技术研发创造生存土壤,这一点尤其重要。

7 区域市场一体化与产业空间互动

7.1 引言

随着经济全球化加速和信息技术迅猛发展，世界经济愈来愈显现出国民经济软化和制造业服务化趋势，服务投入在制造业中间投入中所占比重越来越大，生产性服务业对制造业技术创新、产品创新的引领作用日趋增强，是大多数城市最具活力、增长最快的部分（Harrington，1995）。在世界经济趋于服务化的同时，经济高速增长的中国却出现了服务业低水平稳态发展的"中国悖论"或"逆服务化"趋势，中国服务业增加值占 GDP 比重不仅没有实质性上升反而在逐年下降。2008 年中国人均 GDP 为 6 023 美元（以 2000 年美元计算），西方主要发达国家20 世纪 70 年代初达到该水平，但是中国服务业增加值占 GDP 比重此时达到 40.15%，远低于美、英、德、法、日 62%、57%、53%、59%、53%的水平，还落后于新兴市场经济国家相同人均 GDP 时期的平均水平 53%，低于 2007 年世界平均水平 69%，甚至低于世界上低收入国家的平均水平。在新型工业化背景下探讨中国产业结构转型升级问题，必须充分发挥生产性服务业把日益专业化的人力资本和知识资本引入制造业的"黏合剂"作用，从生产性服务业与制造业互动的高度推进产业结构调整优化与全面升级，实现产业链向高端攀升（刘志彪，2006）。

与生产性服务业发展滞后相对应的另一个现象是，我国目前的产业区域转移状况并不顺畅。改革开放以来，中国地区间比较优势格局发生了变化，中国东西部地区的产业级差不断扩大，促进东部产业向西部转移已成为缩小东西发展差距的重要途径。为此，上至中央层面，下至中西部各个地方政府都出台了大量的吸引产业转移的优惠政策，甚至广东还提出了"腾笼换鸟"政策，但产业升级和转移效果并不理想。以加工贸易为例，沿海加工贸易向内陆梯度转移是我国中西部内陆省份迫切盼望的产业转移的最为重要的组成部分，至 2009 年底，中国加工贸易达到 1.1 万亿美元（约合 7 万亿元人民币）的规模，占到整体进出口贸易规模一半，但这主要是沿海地区完成的。一向被认为"油电煤运"成本更低的内陆，在加工贸易上的地位仍是微不足道，被广泛提及的"西部优势"并没有完全显现出来。陈秀山和许瑛（2008）研究表明，中国 29 个制造业行业中仅有 9 个行业存在扩散效应，1996—2005 年中国工业化过程中，制造业的空间结构整体表现出核心-边缘分化过程；赵伟（2009）[1]研究表明，随着中国市场化程度的增加，制造业区域集聚趋于强化。在金融危机后，这种情况发生了一定的转变，也取得了一定的成效，但是很多转移出去的企业因在承接地"水土不服"，不久就开始向转出地回流。

由此可以发现我国目前所面临的困境，一方面我国生产性服务业发展仍然比较落后，另一方面我国产业区域转移并未达到预期效果，这使得我国经济发达地区"腾龙换鸟"、产业升级步伐放缓，落后区域接受发达地区产业转移的步伐变慢。我们认为，在产业升级和区域协调发展的大背景下，对于这个问题的研究有着非常重要的意义。本章认为，上述现象与我国区域经济一体化程度发育不高紧密相关。首先对已有文献

---

① 赵伟. 市场一体化与中国制造业区域集聚变化趋势研究 [J]. 数量经济与技术经济研究，2009（2）：18—32.

进行理论回顾，寻找创新点；其次建立数理模型，对生产性服务业和制造业在空间上的互动过程进行理论分析；然后以区域一体化比较成功的长三角为例对理论进行实证检验；接下来探讨了区域经济一体化下的政策推动；最后是结论及其政策建议。

7.2 文献回顾

现有的关于生产性服务业与制造业之间关系的研究，主要集中在两者之间的互动关系方面。例如，波特（1990）指出，高端制造业的发展，需要有专业化的、高级生产要素的投入，即需要有高端的服务业相匹配，而高端的服务业发展，反过来也取决于高端制造业对其需求，这就从产业互动视角对服务业和制造业关系进行了界定。大量研究表明，具有知识密集型和差异化这两个特性的服务业（Markusen，1989），作为制造业的高级要素使其拥有较强市场势力，不仅降低了制造业的生产成本，而且还降低了交易成本，从而对制造业效率的提升和竞争力的增强有着明显促进作用（格鲁伯、沃克，1993）。反过来看，制造业作为服务业发展的中间需求，其自身发展也导致服务业的市场容量增大，专业化分工更加深入，对服务业规模扩大和质量提升也起到了较大的推动作用（Bhagwati，1984；Franeois，1990；Rowthorn et al.，1999；Klodt，2000；Guerrieri et al.，2005）。我国经济学者中，刘志彪（2006）、江静等（2007）分析了生产者服务作为高级生产要素促进制造业效率提升的内在机理，并对其进行了实证分析。不过，这些研究更多地探讨了这两者之间的互动，却忽略了生产性服务业和制造业之间在空间上的可分性，因而也就不能得出更深层次、有价值的结论。

关于这两者的空间布局问题，更多研究侧重于生产性服务业空间分布问题。研究发现，生产性服务业大都集中于大都市地区，成为整个地区产业活动的核心代表，生产性服务业本身具有规模报酬递增的特性，且与聚集经济是密切相关的。例如，Beyers 等（1985）研究了美国大都市区生产性服务业的集聚，发现 1985 年 90% 的生产性服务业集中在大都市区，占总就业的 83%。Illeris（1989）通过区位商和就业比重等指

标，研究了 1991 年北欧各国生产性服务业的空间分布特征，发现 70%
以上的生产性服务业集中在各国首都，而且首都和一些经济较为发达的
大都市区位商大于 1，非都市区区位商均小于 1。Nicolaides（1990）提
出生产性服务业并不受限制于空间因素，服务本身跨越国界、服务消费
者跨越国界以及服务业生产者跨越国界是生产性服务业的三种形态。生
产性服务业可在世界任何空间区位，通过信息技术很容易向生产者提供
所需的各种服务，信息技术进步使得可分性得以实现。Coffey 等
（1991）分别对英国和加拿大进行了研究，同样发现生产性服务业高度
集中在大都市区。Strambach（1993）研究了联邦德国生产性服务业的
就业分布情况，发现就业集中分布在汉堡、法兰克福、慕尼黑和纽伦堡
几个大都市区，而非集中于靠近东德和捷克边界的广大非都市区。
Kokko（1999）论证了大城市是服务业导向，而小城市则是制造业导
向。Sassen 等（2002）指出生产性服务业向世界性大城市集聚，取代传
统制造业成为主导性产业，避免了因制造业转移而产生的所谓空心化。
上述研究主要侧重于生产性服务业空间布局，并没有就两者在空间上的
关系进行一个清晰的分析。

　　我国学者陈建军、陈菁菁（2011）[1]发现，大城市应通过生产性服
务业的发展与集群推动制造业转型升级，而小城市应通过推动制造业集
群吸引生产性服务业集聚。但是，该分析的缺陷在于，一方面大城市去
工业化趋势越来越明显，另一方面其分析的空间仅仅局限在一个城市内
部，研究范围过于狭窄。

　　以上文献或者过于理想化，忽略了生产性服务业和制造业之间在空
间上的可分性，或者虽然注意到了空间布局，但并没有就两者之间的关
系进行详细论证。本章的创新点在于，将距离这个因素融入其中，从理
论层面上分析生产性服务业和制造业在空间上的互动关系，探讨区域经
济一体化的意义及其实现路径。

---

　　① 陈建军，陈菁菁. 生产性服务业与制造业的协同定位研究——以浙江省 69 个城市和
地区为例［J］. 中国工业经济，2011（6）：141-150.

7.3 理论模型分析

我们首先对柯布-道格拉斯生产函数进行拓展,将生产者服务作为除劳动和资本外的另一投入品,并用投入的劳动数量来衡量。借鉴 Ciccone 和 Hall(1996)[①]的模型,使用迪克西特-斯蒂格利茨(D-S)垄断竞争框架分析生产性服务业,用 S 代表各种中间投入的组合,即:

$$S = \left(\int_0^n [x(i)]^{1-1/R} di \right)^{1/(1-1/R)} \tag{7-1}$$

令 R 为各种生产者服务之间的替代弹性,R > 1,n 是制造业生产过程中各种生产者服务的类别。生产函数为柯布-道格拉斯形式:

$$f(L,S,K) = A(L^\beta S^{1-\beta})^\alpha K^{1-\alpha} \tag{7-2}$$

因此,劳动投入有两种用途:一是用来生产最终产品,二是提供生产最终产品的中间投入——生产者服务[②]。

在标准的 D-S 模型中,垄断竞争的服务业企业实现边际成本定价,并且自由进入使其均衡利润为零。因此,生产者服务的价格 $p = \dfrac{mc}{1-1/R}$,mc 为生产者服务的边际成本。在 Ciccone 和 Hall(1996)的基础上,我们引入了反映技术进步等引起服务效率提高的参数 ϕ,假设生产 x 单位的生产者服务需要($\phi x + v$)单位的劳动投入,这里 v 相当于以劳动投入衡量的从事生产者服务生产的固定成本,设单位劳动报酬为 w,则 $mc = \phi w$,单个服务企业最大化其利润函数 $P = px - w(\phi x + v)$,均衡时的利润为:

$$P = px - w(\phi x + v) = \frac{1}{R-1} \phi xw - vw \tag{7-3}$$

再假设生产性服务业市场是可以自由进出的,则 P = 0,于是:

$$x = \frac{(R-1)v}{\phi} \tag{7-4}$$

---

① CICCONE A, HALL R E. Productivity and the Density of Economic Activity [J]. American Economic Review, 1986, 86(1): 54-70.
② 生产性服务业属于知识密集型行业,投入的更多的是知识密集型劳动力,对其他生产要素需求相对较少。为了简便起见,这里假设生产性服务业仅由劳动力来完成,这并不影响本章结论。

根据（7-2）式生产函数，最终产出分配给劳动的份额为 α，意味着分配那些直接从事最终产品生产的劳动份额是 $\alpha\beta$，根据欧拉定律，$wL = \alpha\beta f(L,S,K)$，分配给劳动以外的所有份额是 $1-\alpha$。在分配过程中，除了分配给资本的份额以外，所有产出都分配给劳动，假设生产过程中总的劳动投入是 1，则 $w = \alpha f(L,S,K)$，由此可见，$1-\beta$ 的劳动专门从事生产性服务业活动：

$$n = \frac{1-\beta}{\phi x + v} \tag{7-5}$$

将（7-4）式代入到（7-5）式中得到：

$$n = \frac{1-\beta}{Rv} \tag{7-6}$$

由此可见，随着越来越多的劳动者从事于生产性服务业，生产者服务的专业化程度将会越来越高，其规模越来越大。

那么，生产性服务业专业化程度的不断深化是否能够提高从事于生产性服务业者的效率呢？为了验证这个问题，假设所有生产者服务都具有对称性，则由（7-1）式可得：

$$S = n^{1/(1-1/R)}x \tag{7-7}$$

从事于每种生产性服务业的劳动力为（$\phi x + v$），由于具有对称性，因此劳动总投入为 $n(\phi x + v)$，将（7-4）式代入得到总的劳动投入为 nRv，我们用生产性服务业的产出率 $effective_s$ 表示其劳动生产率，则有 $effective_s = S/nRv$，将（7-4）式和（7-7）式代入得到：

$$effective_s = \frac{(R-1)}{R} \cdot \frac{n^{\frac{1}{R-1}}}{\phi} \tag{7-8}$$

由此，我们可以发现：一方面，参数 ϕ 的下降也就是劳动者效率的提高，会提高生产性服务业的效率；另一方面，生产性服务业专业化程度 n 的深化也将提高生产性服务业者的效率。

为了分析生产性服务业的发展与制造业效率提升之间的关系，在这里，我们先计算生产性服务业的价格指数 P。如果令 p（i）为某种生产者服务的价格，根据对称性和前面的分析，在均衡时生产者服务总的价格指数为：

$$P(n,p) = (np^{1-R})^{1/(1-R)} = n^{1/(1-R)}p \tag{7-9}$$

将 $p = \dfrac{mc}{1 - 1/R}$ 和 $mc = \phi w$ 代入得到生产者服务成本 P：

$$P(n,p) = \left(np^{1-R}\right)^{1/(1-R)} = n^{1/(1-R)}p = n^{1/(1-R)}\frac{\phi w}{1 - 1/R} \tag{7-10}$$

为了考察生产性服务业的发展对制造业效率提升的影响，我们不直接分析它对制造业产量的影响，而是分析单位制造业产品耗费成本的变动，因为单位成本的下降意味着制造业效率的提高。另外，为了分析简便，这里我们假设，生产最终产品所需的数量给定，并且价格也给定，这样可以不考虑资本成本变动，只考虑劳动和生产者服务两种投入，因此单位产量的成本构成分别为劳动者工资 w 以及投入的生产者服务成本 P。

在现实经济活动中，为了应对核心地区日益高涨的工资成本上升的压力，位于核心地区的制造业产业将逐渐向外转移，生产性服务业与制造业在空间上逐渐分离，制造业到外围寻求工资等成本洼地（w）。本章在这里用 r 衡量生产性服务业与制造业相分离所导致的"距离"上的增加程度①。如果 r 比较小的话，这说明这两者之间距离较近，发生的各种费用较低，但工资等成本下降的幅度比较低；如果 r 比较大的话，这说明这两者之间距离较远，发生的各种费用也较高，但是工资等成本下降幅度增加。用公式可以表达为：

$$\begin{cases} f(L,S) = L^{\beta}S^{1-\beta} \\ MinC(w(r),P) = w(r)L + rPS \\ s.tf(L,S) = 1 \end{cases}$$

其中，$r \geq 1$②。由假设条件可知，$\dfrac{\partial w(r)}{\partial r} < 0$。即随着生产性服务业与制造业分离的距离逐渐加大，即 r 逐渐增加，w（r）逐渐减少。

根据一阶最优条件，对上式进行求解，推导出其成本函数为：

$$C(w(r),P) = \frac{1}{\beta}(\frac{1-\beta}{\beta})^{\beta-1}r^{1-\beta}w(r)^{\beta}P^{1-\beta} \tag{7-11}$$

毫无疑问，当 r = 1 时，生产性服务业与制造业并没有发生分离，在这种情况下，令 $w = w(r=1) = w_0$。其中，w_0 为生产性服务业集聚地劳

① 所谓距离，实际上既有空间的含义也包括经济上的意义，在第五部分将会有比较详细的论述。
② r ≥ 1 表明，随着距离的增加，生产性服务业远距离为制造业配套的成本开始增加，这表现为成本函数中的第二项。

动者工资水平，即 $w(1)=w_0$[①]。由此，我们可以将生产性服务价格指数（7-10）式重新表述为：

$$P = P(r=1,n,p) == n^{1/(1-R)}p(1) = n^{1/(1-R)}\frac{\phi w_0}{1-1/R} \tag{7-12}$$

将（7-12）式带入到（7-11）式得到：

$$C(w(r),P) = \frac{1}{\beta}(\frac{1-\beta}{\beta})^{\beta-1}(\frac{\phi R}{R-1})^{1-\beta}n^{\frac{1-\beta}{1-R}}r^{1-\beta}w(r)^{\beta}w_0^{1-\beta} \tag{7-13}$$

令 $\frac{1}{\beta}(\frac{1-\beta}{\beta})^{\beta-1}w_0^{1-\beta} = B$ ，则上式可以转化为：

$$C(w(r),P) = B(\frac{\phi R}{R-1})^{1-\beta}n^{\frac{1-\beta}{1-R}}r^{1-\beta}w(r)^{\beta} \tag{7-14}$$

将（7-14）式对 n 求偏导得到：

$$\frac{\partial C(w(r),P)}{\partial n} = \frac{1-\beta}{(1-R)n}C(w(r),P) \tag{7-15}$$

由于 $R>1$ ， $0<\beta<1$ ，则：

$$\frac{\partial C(w(r),P)}{\partial n} < 0 \tag{7-16}$$

这表明，随着生产性服务业专业化程度的不断深化（n 增加），生产单位制造业产品的成本降低。由以上分析，我们可以得出命题 1。

命题 1：生产性服务业作为制造业的高级要素投入，其规模的扩大降低了制造业的单位生产成本，提高了制造业效率和产业竞争力。

将（7-14）式对 φ 求偏导得到：

$$\frac{\partial C(w(r),P)}{\partial \phi} = \frac{1-\beta}{\phi}C(w(r),P) > 0 \tag{7-17}$$

这表明，随着从事于生产性服务业的劳动者的效率增加（φ 减少），生产单位制造业产品的成本降低。由此可以得出命题 2。

命题 2：从事于生产性服务业的劳动者的效率越高，制造业生产成本降低的也越快。

命题 2 证明了"迂回式生产"的意义，即"磨刀不误砍柴工"。这说明，制造业效率、技术水平的提升不仅仅是由其本身能力决定，其配套"设施"同样重要。

---

① 在这里，本章假设 w_0 是固定不变的，在现实中 w_0 是不断增加的，但为了分析方便起见，假设中心地区的工资不变，外围地区工资逐渐递减，这并不影响本章的主要结论。

接下来，将（7-14）式对 r 求偏导得到：

$$\frac{\partial C(w(r),P)}{\partial r} = Bn^{\frac{1-\beta}{1-R}} r^{-\beta} w(r)^{\beta-1}\left((1-\beta)w(r) + \beta r\frac{\partial w(r)}{\partial r}\right) \qquad (7-18)$$

由（7-18）式可以看出，大括号内的第一项 $(1-\beta)w(r) > 0$，第二项 $\beta r\frac{\partial w(r)}{\partial r} < 0$，因此，$\frac{\partial C(w(r),P)}{\partial r}$ 的符号并不确定。

出现这种情况的原因在于：随着经济的快速发展，中心地区的工资等成本因素快速上升，这毫无疑问会不断增加制造业产业的生产成本，竞争力下滑，为了扭转这种局面，产业向工资等成本更低的外围地区转移就不可避免。但是，随着转移出去的制造业与生产性服务业空间距离加大，这反而会增加其成本。如何使成本函数 $C(w(r),P)$ 达到最低，这涉及 r 的最优解问题。

如果令（7-18）式等于 0，可以得到：

$$(1-\beta)w(r) + \beta r\frac{\partial w(r)}{\partial r} = 0 \qquad (7-19)$$

根据（7-19）式则可以求出成本最小化时的 r，由此我们可以得到本章的核心命题 3。

命题 3：制造业产业转移的规模取决于转移带来的工资成本优势和制造业与生产性服务业空间分离产生的成本之间的权衡。

该命题的含义是，随着一个地区或国家经济水平的快速发展，生产性服务业将会越趋于发达，但工资等成本因素将会逐渐增加，从事于制造业企业的成本增加，虽然制造业发展离不开生产性服务业，但是工资等生产成本的快速上升将会逐渐抵消生产性服务业给制造业带来的好处，这将迫使制造业与生产性服务业在空间上发生分离，产业向外围地区转移发生，生产性服务业"远距离"为制造业服务更有效率。接下来，本章以长三角为例，通过对长三角内部产业互动过程的实证分析对上述理论研究进行检验。

7.4　实证分析：以长三角为例

考虑到上海是长三角龙头，是全球著名的金融、航运和贸易中心，其生产性服务业非常发达，因此像上海这样生产性服务业非常发达的核心城市对长三角其他地区的影响将会是非常广阔和深远的。具体的，其影响程度到底如何将是本章下面重点研究的问题，这同时也是对第二部分理论的验证过程。

根据本章实证分析的需要以及数据可得性，我们选择几个代表性行业来代表上海的生产性服务业。具体选择的行业包括交通运输、仓储及邮电通信业、金融保险业、房地产业、教育文艺及广播电影电视业。另外，还可以汇总出长三角所在三省的工业增加值数据。本章选取1990—2010年长三角核心三省市以及包括安徽省在内的相关数据，数据分别来自于《上海统计年鉴》、《江苏省统计年鉴》、《浙江省统计年鉴》以及《安徽省统计年鉴》相关年份的数据[①]。接下来，本章分别用幂函数和线性函数对生产性服务业与工业增加值之间的关系进行了拟合（如图 7-1 和图 7-2 所示）。其中，图 7-1 和图 7-2 中的第一幅图分别是上海市生产性服务业与上海市工业增加值之间的关系，第二幅图是上海市生产性服务业与长三角三个省市工业增加值之间的关系，而第三幅图是上海市生产性服务业与泛长三角四个省市工业增加值之间的关系。从图 7-1 和图 7-2 中我们大体可以看出，上海市生产性服务业与上海市工业增加值之间的关系并不比与长三角工业增加值之间的关系更为紧密。

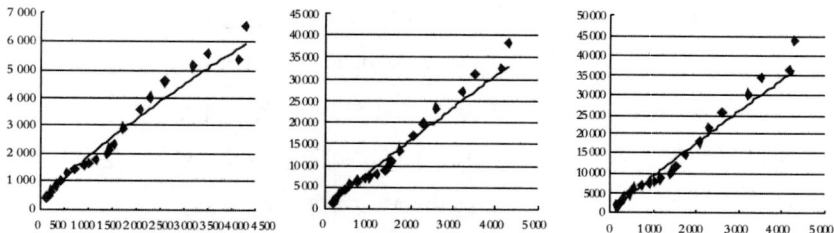

图 7-1 幂函数拟合

为了更清晰的对这个问题进行说明，接下来，本章分别用幂函数和线性函数对生产性服务业与工业增加值之间的关系进行了拟合，拟合效果见表 7-1。其中，$man_{shanghai}$ 代表上海市生产性服务业增加，$pro_{shanghai}$ 代

---

① 在这里之所以将安徽省加入长三角，一是因为安徽省是泛长三角所在区域，二是对命题 3 所谓的"距离"要保持适中进行验证。

表上海市工业增加值，$\text{man}_{\text{shanghai}}$ 代表长三角工业增加值，$\text{man}_{\text{shanghai}}$ 代表包括安徽省在内的泛长三角工业增加值。

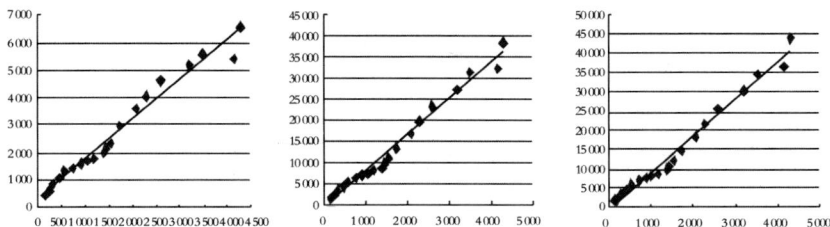

图 7-2　线性函数拟合

由表 7-1 我们可以发现，不论是用幂函数还是用线性函数进行拟合，以下结论是共同的：第一，上海市生产性服务业与长三角工业增加值之间的拟合度比与上海本土工业增加值之间的要高，这表明前者之间远比后者之间的关系更为紧密，即长三角区域经济一体化还是比较成功的，具有一定效率。第二，上海市生产性服务业与泛长三角工业增加值之间的拟合度低于上海市生产性服务业与长三角工业增加值，这表明前者之间没有后者之间的关系更为紧密，即与长三角区域经济一体化相比，泛长三角一体化效率还有待提高。以上分析是对本章第二部分命题 3 的一个证明。

表 7-1　　　　　　　　　　不同形式函数的拟合结果

幂函数拟合	$\text{man}_{\text{shanghai}} = 8.6713\text{pro}_{\text{shanghai}}^{0.78}$，$R^2 = 0.9808$
	$\text{man}_{\text{shanghai}} = 11.994\text{pro}_{\text{shanghai}}^{0.9469}$，$R^2 = 0.9901$
	$\text{man}_{\text{fanchangsanjiao}} = 14.155\text{pro}_{\text{shanghai}}^{0.9384}$，$R^2 = 0.9802$
线性函数拟合	$\text{man}_{\text{shanghai}} = 1.4313\text{pro}_{\text{shanghai}} + 344.28$，$R^2 = 0.9746$
	$\text{man}_{\text{changsanjiao}} = 8.5986\text{pro}_{\text{shanghai}} - 616.7$，$R^2 = 0.9826$
	$\text{man}_{\text{fanchangsanjiao}} = 9.6446\text{pro}_{\text{shanghai}} - 835.31$，$R^2 = 0.9801$

2010 年 1 月 12 日，国务院正式批复《皖江城市带承接产业转移示范区规划》，安徽省皖江城市带与长三角地区紧连，是长三角地区产业向中西部地区转移和辐射最接近的区域，承接长三角地区的产业转移的区域相关性最大。不过，以上的实证分析表明，要想使皖江城市带成为承接长三角核心区产业转移的成功示范区，一方面要提高上海这个生产

性服务业中心城市的辐射能力。在国际大都市，生产性服务业占服务业的总量基本维持在70%以上的水平，上海不仅在数值上远低于这个水准，甚至在生产性服务业所应发挥的作用方面也远远不够（胡晓鹏，2011）。另一方面要在降低"距离"上下功夫。

7.5　政策推动与市场一体化

上述理论和实证分析表明，如果生产性服务业为制造业服务的距离过远的话，生产性服务业"远距离"为制造业服务的费用将会超过工资等成本降低的费用，这使得空间互动变得不经济。过远距离的产业转移将使得r快速上升，这使得产业很难向这些地区转移，因此，降低距离r是扩大市场一体化的关键，这也是泛长三角成功的关键之一。

实际上，所谓距离既有空间的含义也包括经济上成本增加的意义，过大的空间距离将会增加运输成本，降低效率，不利于中心地区生产型服务业辐射扩散；经济意义上距离的概念则是与人为行为紧密联系的。譬如，市场分割，这意味着区际之间贸易壁垒的提高，在这种情况下，虽然空间距离很短，但是市场分割加起来的"鸿沟"却是"咫尺天涯"，无法逾越的。在中国经济存在省际市场分割（Young，2000[①]；Poncet，2005[②]；陆铭、陈钊，2009[③]）的条件下，都市圈的规划可以使属于不同省份的城市组成一个更广泛的经济单元，这更有利于区域经济逐渐走向一体化，加快区域产业转移，提高外围地区分享经济集聚和核心城市辐射效应。因此，产业空间上的互动不仅要求空间距离不可过远，而且要求人为"鸿沟"不可过高。区域经济一体化、分割与距离之间表现为下面的关系（如图7-3所示）。

---

①　YOUNG A. The Razor's Edge: Distortions and Incremental Reform in the People's Republic of China [J]. Quarterly Journal of Economics, 2000, 115 (4): 1091-1135.

②　PONCET S. A Fragmented China: Measure and Determinants of Chinese Domestic Market Disintegration [J]. Review of International Economics, 2005, 13 (3): 409-430.

③　陆铭，陈钊. 分割市场的经济增长——为什么经济开放可能加剧地方保护？[J]. 经济研究，2009（3）：42-52.

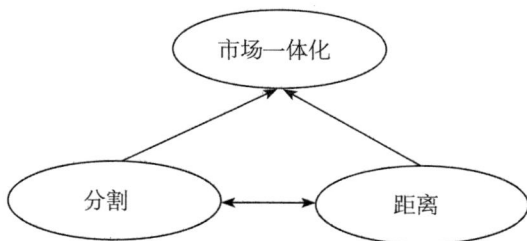

图 7-3 市场一体化、分割与距离三者之间的关系

因此，在现实层面上，为了保证区域崛起和产业转移的顺利进行，一方面，我们要通过政策调整弱化市场分割所带来的负面影响，推动区域一体化进程；另一方面，通过基础设施等建设，在硬件设施上拉近区域之间的距离，提高核心地区的辐射带动能力，为更好实施区域经济一体化战略提供硬件支撑。

（1）经济增长极建设与市场一体化

孟可强、陆铭（2011）[①]以港口城市上海、香港、天津为中心的三大都市圈为研究对象，研究发现，珠三角与长三角都市圈内的城市经济发展水平与到大港口距离间存在"S形"的三次曲线关系。在到大港口的一定距离范围内，集聚力超过离散力，距离核心城市越远，人均GDP越低，但当距离远到一定程度时，离散力就越来越强，出现人均GDP的第二个局部高点。以上分析同时也验证了本章的理论分析，这告诉我们，仅仅以沿海发达地区为核心建立的区域经济一体化并不能够实现我国区域协调发展。因此，实现中西部地区区域经济一体化就变得尤为重要。

由于生产性服务业不能够过远地为制造业提供配套服务，因此在中西部区域经济一体化的进程当中，政府应该着重建设核心城市，培育增长极，形成高端生产性服务业，这一方面会发挥其对周边城市以及相关工业的带动能力，使其能够在经济意义上真正实现区域经济一体化；另一方面也可以通过其先进的生产性服务业吸引东部地区的产业转移，减少区域产业转移的"黏性"问题（程必定，2010）。当然，这样做同时

---

① 孟可强，陆铭. 中国的三大都市圈：辐射范围及差异［J］. 南方经济，2011（2）：4-15.

也有利于东部地区的"腾笼换鸟",推进自身的转型和产业升级,从而推动产业结构调整以及产业在东、中、西部地区的合理布局。

（2）高铁与市场一体化

高铁最早发源于 1964 年日本的新干线,其出现被认为是 20 世纪下半叶交通技术的最大突破。中国铁道部在 2006 年宣布开始修建高铁计划,2007 年 4 月中国第一条高铁开始出现,当时速度只有每小时 200~250 公里。到了 2008 年 8 月奥运会召开之时,北京–天津的高铁时速已经高达每小时 350 公里。到了 2010 年末,中国的高铁里程全长 8 358 公里,预计到 2020 年,这一数字会高达 12 000 公里。新修高铁的成本也很高,造价高达每公里 1 亿元人民币。高铁修通以后,由于票价比飞机便宜 40%左右,但是速度是普通火车的 2 倍以上,因此坐普通火车和飞机的旅客数都有明显下降,旅客纷纷选择高铁,导致旅客总人数相对之前还有净增加。高铁的出现在很大程度上促进了城市间的交流。

以长三角为例,京沪高铁建成后,加速了长三角一体化进程,区域之间的分工更加明显。目前,长三角各个城市已经形成以上海为中心,各个城市联动协作发展的发展趋势。例如,上海具有较强的人才优势和研发优势,在发展高端服务业、先进制造等方面具有巨大的综合比较优势,苏州、无锡等城市制造业发达,可以充分利用上海生产性服务业辐射,在自身的基础上继续加强研发和创新,加速发展具有区域特色新型制造业。此外,泛长三角的合作逐渐也正在逐步形成突破,以上海为龙头的高铁的开通将毫无疑问会拉动周边安徽、江西、安徽、福建等区域参与区域经济合作,长三角的腹地经济区域将进一步扩大,一个更加广泛的大区域经济格局雏形显现,长三角产业格局将会加速朝着一体化的方向去调整。

实际上,高铁不仅仅是一种运输方式的变革创新,其影响绝不仅仅局限于交通运输领域,而是可能给我国产业升级、转移以及区域融合带来革命性变化的重要的战略性产业。通过交通运输体系的改进,一方面让中西部广大地区能够更深入地分享东部工业化的成果,承接产业转移的机遇;另一方面也将在硬件上逐渐消除地区间"鸿沟",为地区经济一体化,全国产业优化布局和升级做出重要贡献。毫无疑问,高铁建设将是一个值得中国在 21 世纪认真考虑的大战略。

7.6　结论与政策建议

目前，我国到了转变经济发展方式的重要时期，转变的关键在于，一方面要实现东部沿海地区产业升级，另一方面要将低端制造业产业向外转移。实际上，这是同一个问题的两个方面：只有低端制造业产业向外转移，才能够为生产性服务业留出空间，而产业愿意向外转移，原因就在于转出地能够为转移出去的制造业产业提供生产性服务功能，通过生产性服务业与制造业空间互动，实现产业升级和低端产业转移的顺利进行。本章的贡献在于，将空间因素融入其中，从理论层面上研究了生产性服务业和制造业之间的互动关系，并以该理论为基础对长三角进行了实证检验，并指出了区域振兴规划、高铁建设以及中西部地区崛起的战略意义。

本章的政策含义是显而易见的：

第一，进一步缩短"距离"，加快市场经济一体化进程。生产性服务业与制造业空间互动成功与否与"距离"因素密切相关，而"距离"与一体化的程度是紧紧联系在一起的。消除地区分割、加快区域间基础设施建设是推动我国东部沿海地区产业升级、转移的重要保障。

第二，加快中西部地区区域经济一体化进程。生产性服务业的辐射范围不可能无限大，距东部比较遥远的一些中西部地区要想获得产业转移是不现实的。因此，有必要在中西部地区形成区域经济一体化，通过中心城市的生产性服务业的引领，吸引相关产业转移，推动我国区域协调发展。

8 需求约束下的技术进步、环境污染与产业发展困境摆脱

8.1 引言

技术进步是企业发展、经济增长的主要动力，不过伴随着技术进步的工业化表明，人类对环境和生态系统造成了越来越严重的破坏。20世纪五六十年代，工业化国家的环境污染问题日益突出，历史上发生的伦敦毒雾事件（1952）、日本水俣病事件（1956）等著名的环境公害都是首先在发达国家产生的，重化工业发展造成的资源消耗和环境损害曾使发达国家付出沉重的代价。

环境污染长期被看做经济增长过程中产生的"副产品"，关于环境污染问题的经济学探讨可以归纳为三个阶段：罗马俱乐部提出的"增长极限说""环境库兹涅茨曲线假说"（Environmental Kuznets Curve，EKC）以及对环境库兹涅茨曲线假说的质疑。Meadows 等（1972）在研究报告《增长的极限》中指出，人口增长、粮食生产、工业发展、资源消耗和环境污染这五个要素的运行是指数增长，而非线性增长。全世

界经济增长将会因为粮食短缺和环境破坏，于 21 世纪达到"极限"，经济将会发生不可控制的衰退。为了达到环境保护的目的，必须人为降低经济增长速度。不过，Grossman 和 Krueger（1991）[①]首次指出了污染物（SO₂和烟尘）和人均收入之间并非线性关系，而是存在了"倒 U 形"关系。而 Panayotou（1993）[②]首次将"污染–收入"之间的"倒 U 形"关系命名为环境库兹涅茨曲线（如图 8-1 所示）。

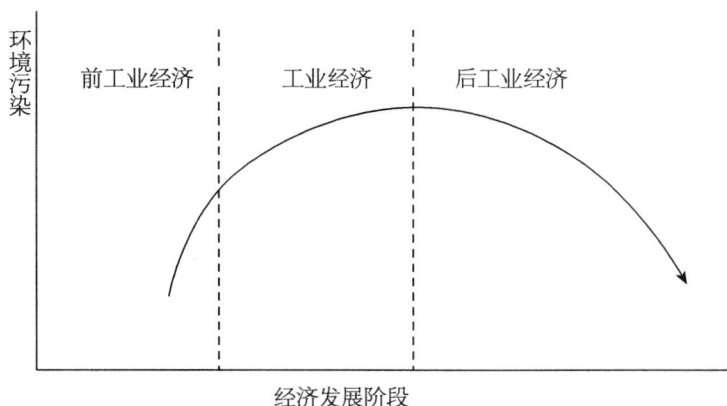

图 8-1　环境库兹涅茨曲线：发展与环境的关系

"环境库兹涅茨曲线假说"认为，"增长极限说"是以技术和环境支出静止不变为假设前提的。虽然在经济发展的早期，经济增长通常导致环境恶化，但随着经济结构的调整、环境意识的提高、环境管制的加强，以及更为先进的环境技术手段和更多的环境投入，环境将改善。根据该假说，从长期来看，一个国家改善本国环境的根本途径就是变得富有（Beckerman，1992）。不过 Ulph 和 Valentini（1998）指出，发展中国家向发达国家出口制成品是 EKC 上升部分形成的重要因素，发达国家对制成品的进口是 EKC 下降部分形成的重要因素。考虑到国家之间经济发展阶段存在差异，EKC 这种一般化模式能够确定存在的论断是不恰当的（De Bruyn et al.，1998）。Cole（2004）指出，如果随着收入增加，人们对制成品的需求收入弹性并没有随之下降，那么发达国家制

① GROSSMAN, GENE M, KRUEGER, et al. Economic Growth and the Environment [J]. Quarterly Journal of Economics, 1995, 110（2）：353–377.
② PANAYOTOU T. Empirical Tests and Policy Analysis of Environmental Degradation at Different Stages of Economic Development [J]. Working Paper, 1993, Technology and Environment Program. Geneva：International Labor Office.

造业比重下降的事实仅仅反映了：对制成品的超额需求是通过从发展中国家进口的方式得到了补充。因此，KEC 曲线只不过记录了污染工业从发达国家向欠发达国家转移的过程。从国际经济的现实来看，如果全世界对污染品的需求总量（污染总量）是给定的，那么，由于全球化下的国际分工，必然存在着"一类国家"为"另一类国家"生产污染品。

实际上，不管是出于对现实的观察还是理论上的分析，都没有充分的证据表明环境污染在全球层面上有降低的迹象，甚至随着越来越多的后发国家进入现代化进程，环境污染还有不断加剧的迹象。国内外迄今为止的研究基本上都没有对以下问题作出回答，即技术进步模式是如何形成的，为什么会导致污染的持续增加，如何降低污染。本章认为，对于上述问题的回答有助于我们更好地理解环境污染的形成机制，有助于减少像我国这样的已经处于或正要处于工业化过程中的后发国家的环境污染问题，形成全球层面的可持续发展能力。

8.2 技术进步来源与环境污染

8.2.1 技术进步来源

技术创新本身是企业在其生产经营活动中的一种自发的竞争行为，在激烈竞争的市场经济中，企业只有不断地进行技术创新活动，才能够获得生存和发展。关于一国技术创新能力形成的研究一直存有争议，目前主要是从两个角度展开的，一个是从"供给推动"的视角进行，另一个是从"需求拉动"的视角进行。"供给推动"假说认为，技术创新活动是由来自于影响供给方面的诸如科学知识的发现、技术被发现的概率、研发人员、研发机构的效率、大规模推广创新技术的成本等因素决定的（Rosenberg，1974；Dosi，1988）。在"供给推动"假说看来，市场只是被看做研究开发成果的被动接受者，因此，该假设表明"更多的研究开发投入"意味着"更多的创新产出"；"需求拉动"假说认为，专利活动，也就是发明活动，与其他经济活动一样，基本上是追求利润的经济活动，它受市场需求的引导和制约。换言之，在刺激发明活动方面，需求比知识进步更重要（J.Schmookler，1966），销售规模和可盈利性的变化刺激了研发投入（Judd，1985）。Zweimuller 和 Brunner（2005）认为，对于一个高速增长的市场需求空间来说，可以不需借助于外部市场的需求，内在地培育出其本土企业的高级要素发展的能力，这被称为"需求所引致的创新"。

先不管在理论层面上谁对谁错，在现实层面上我们注意到，一方面，发达国家相对较少的人口主导着全球市场需求。例如，麦肯锡全球研究所 2011 年公布的世界财富的统计分析报告指出，截至 2010 年，人类全部财富加起来共计约 198.1 万亿美元，这些财富中将近 80% 为西方发达国家所拥有。美国和西欧的家庭财富占全世界家庭财富的将近60%，占全部世界财富的 1/4。另一方面，技术进步主要由发达国家所主导。例如，从地区分布情况来看，全球 1 000 家研发投入最多的公司分布于 36 个国家和地区，美国的研发投入占全部投入的 38%，欧洲的研发投入占全部投入的 35%，亚太的研发投入占全部投入的 26%；从国家来看，美国企业的总体研发费用和研发强度最大，其次是日本和德国，而韩国企业总体的增长率最高，达到 40%。除了中国大陆和印度两个发展中国家有 5 家公司上榜之外，其余 995 家公司均来自于发达国家和地区（见表 8-1）[①]。

另外，英国贸工部 2010 年发布的"全球企业研发排行榜"（The 2010 R&D Scoreboard）显示，美国、日本、德国、法国、瑞士和英国六个国家全球前 1 000 家公司占据了 R&D 投入的 82%，毫无疑问，发达国家仍然掌控着全球技术进步的"脉搏"。不过，中国（除去香港地区和台湾地区）和印度占据了 R&D 投入的 1.8%，与 2005 年发布的"全球企业研发排行榜"相比，已经上升了将近 9 倍，这不能不说是一个非常大的进步，[②]这同时也证明了快速上升的需求空间对于技术进步的作用。

---

① 2005 年 10 月，英国贸工部发布第 15 次"全球企业研发排行榜"（The 2005 R&D Scoreboard），是英国政府从投入角度在微观上对企业、产业进行的研发和创新测度。
② 资料来自于：http://www.innovation.gov.uk/rd_scoreboard/downloads/2010_RD_Scoreboard_analysis.pdf。

表 8-1　　**全球前 1 000 家研发投入最多的公司所在国或地区分布情况**

国别或地区	公司数量	总研发投入 （亿英镑）	占全球研发投入的比率 （%）	研发强度 （%）
美国	423	836.81	38.0	4.5
日本	207	485.42	22.0	4.0
德国	63	261.27	11.9	4.1
法国	45	133.02	6.0	2.6
英国	167	105.71	4.8	2.0
韩国	11	52.83	2.4	3.6
中国台湾	22	13.55	0.6	2.3
中国大陆	4	4.4393	0.2	0.76
中国香港	2	0.6922	0.03	2.7
印度	1	0.4864	0.02	7.3

资料来源　http：//www.innovation.gov.uk/rd_scoreboard/，本章根据需要对其进行了相应处理。

上述分析告诉我们，收入分布与技术进步紧密地联系在一起。随着中国、印度等发展中国家的快速崛起，快速增长的市场需求也在快速推动技术进步。但现实告诉我们，与此相伴随的是严重的环境污染。

8.2.2　污染形成机制及其局限

以利润最大化为目标的企业的技术创新更多考虑的是自身利润状况而不是其创新本身给社会带来的负面影响，因此，这种模式下的技术创新最多属于次优选择，而绝对不是整个社会的最优选择。但是，发达国家环境质量的改善确实一个不争的事实，这其中的一个主要方面在于政府对环境污染进行规制，这种规制方法被称之为末端治理模式[①]。不过，这种方式所导致的环境改善很可能只是一种暂时现象或者是一种假象。

---

① 末端治理是指在生产过程的末端，针对产生的污染物开发并实施的治理技术。

研究证实，环境改善是由于技术限制所引起的暂时现象（Dinda et al., 2000）。具体来说，新技术能够提高生产效率，但是对社会也造成了潜在的危害。例如，新的有害废弃物，在新技术使用的初始阶段，新技术带来的污染外部性还没有被发现，随后的环境规制才能针对这种污染。一旦某项技术受到管制，那么根据这项技术就能观测到一个"倒U形"曲线，进而将出现技术的周期模式：一项新技术首先被广泛使用，然后逐渐受到规制，最终被新技术所取代（Smulder & Bretschger, 2000）①。这就可能产生一组 EKC 曲线：这些曲线可能是"倒U形"的或"N形"的，又或者是"倒L形"的（Dinda, 2004）。事实上，虽然工业革命推动了技术进步，但也同样诱发了工业污染。如果一项新技术最终将导致新的污染源出现，那么技术效应对 EKC 的作用就非常有限。

发达国家环境质量得到根本性改善的另一个重要方面在于，国际贸易部门完全可以通过跨国投资将污染向发展中国家转移。事实上，国际贸易在污染转移过程中发挥了重要的作用。Rock（1996）指出，与内向型贸易政策相比，开放的贸易政策将使发展中国家产生更多的污染。"污染避难所假说"（Pollution Haven Hypothesis）②是对这个问题的形象说明，Baumol 和 Oates（1988）③从理论上对该假说进行了系统论述，认为自愿实施宽松的环境标准导致了发展中国家变成世界污染的集中地。其他一些学者也论证了"污染避难所"假说存在的合理性（Ulph & Valentini, 1998）。但这一假说并未得到普遍认同，Tobey（1990）等通过经验分析对污染避难所效应表达了怀疑，他发现初始的贸易流向是由要素禀赋决定的，并非治污成本的差异。事实上，污染转移不管是因为污染避难所效应还是要素禀赋，随着发达国家人民对环境污染容忍度

---

① SMULDER S, BRETSCHGER L. Explaining Environmental Kuznets Curves: How Pollution Induces Policy and New Technologies [EB/ OL]. Working Paper, 2000, Tilburg University Economics Research.
② "污染避难所"假说认为，如果将环境作为一种生产要素来考虑的话，环境保护强度低的国家环境要素就较为富裕，而环境保护强度高的国家环境要素则相应匮乏。如果发展中国家自愿实施较低的环境标准，充分利用本国充裕的环境要素，专业化生产污染密集型产品，而发达国家制定的环境标准普遍高于发展中国家，高污染产业必然会向发展中国家转移，发展中国家将成为世界污染避难所。
③ BAUMOL, OATES. The Theory of Environmental Policy [M]. Cambridge; Cambridge University Press, 1988.

的降低、政府处罚力度的不断加大以及要素成本的不断提升，污染型企业向国外转移是一种必然的趋势。进而随着技术进步和经济结构变化，发达国家的环境库兹涅茨曲线呈现出"倒U形"曲线，其主要工业污染物排放随着经济增长出现下降。

另外，也是非常重要的一点，伴随着后发国家的逐渐工业化，发达国家的这种环境污染型技术进步在全球化范围内展开，这驱动了环境污染在全球范围内不断扩散和蔓延，技术进步路径被锁定，技术进步陷入困境[1]，图8-2是对发达国家技术进步模式及其后果的一个总结。

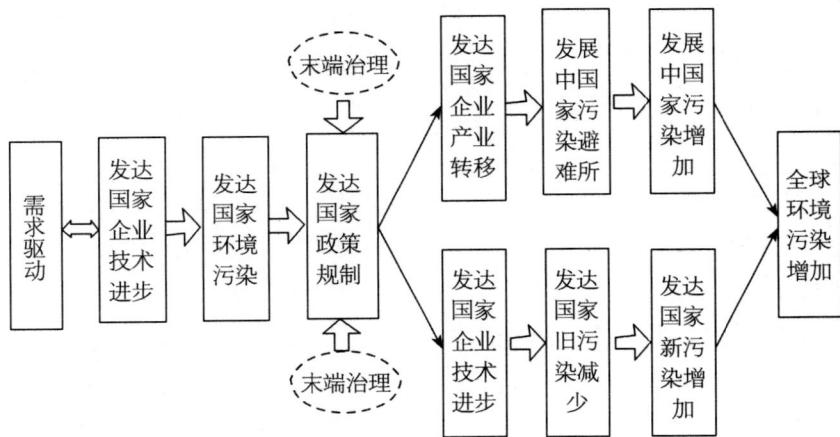

图8-2 发达国家技术进步模式及其后果

最后，需要指出的是，在绝大多数有害物质排放中，发达国家是在逐渐减少的，也就是在上文所说的"私人物品"领域，环境污染情况是逐渐减少的，但是对于"公用品"如 CO_2 来说，污染排放并没有减少[2]。

图8-3显示的是美国人均 CO_2 排放量和人均GDP之间的关系，从该图中很明显地可以看出，随着美国人均收入水平的提高，CO_2 排放量并没有相应地发生缩减。这实际上是在告诉我们，一方面，美国等发达国家污染排放减少或许仅仅是一种假象，环境污染实际上已经在更大的

---

[1] 例如，温家宝在2008年曾指出，当前气候变化主要是由于发达国家长期累积排放造成的，发达国家应当改变不可持续的消费模式，大幅度降低温室气体排放。

[2] 由于 CO_2 具有"公用品"的性质，即 CO_2 在某一个国家排放，其影响的范围却不仅仅限于一个国家，而是整个世界。

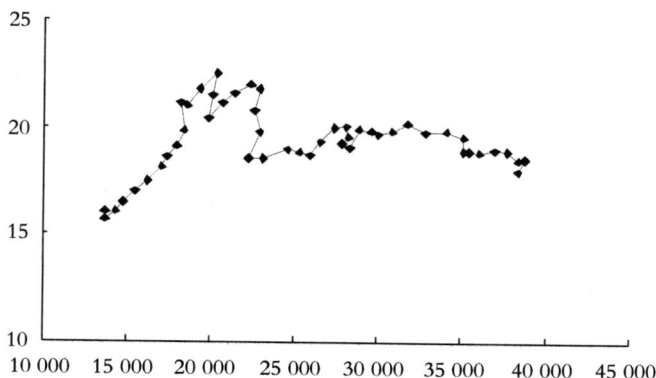

图 8-3 美国 1960—2008 年人均 CO₂ 排放量与人均 GDP 的关系

注：根据 WDI 数据库中的相关数据绘制。横轴代表人均 GDP（2000 年不变价格），单位：美元；纵轴代表 CO_2 排放量，单位：公吨。

范围内展开；另一方面，如果每一个国家都像美国这样去做的话，那么 CO_2 排放将会以级数级别增长。

随着时间的推移，末端治理的局限性正日益显露。首先，处理污染的设施投资大、运行费用高，使企业生产成本上升，经济效益下降；其次，末端治理往往不是彻底治理，而是污染物的转移，如烟气脱硫、除尘形成大量废渣，废水集中处理产生大量污泥等，所以不能根除污染，而这也恰恰是西方技术进步的缺陷所在；最后，末端治理未涉及资源的有效利用，不能制止自然资源的浪费。

8.3 现有模式的不可持续性：产业层面的分析

当只有少量的发达国家采取这种发展模式的时候，污染或许在环境可控范围内，但是当大量的发展中国家也进入这种发展模式的时候，毫无疑问这种模式是很难持续的。为了对现有发展模式的缺陷进行一个清晰的说明，我们考虑一个在自然资源和市场规模均有限情况下的企业技术进步情形。在该模型中，发达国家所驱动的技术进步可以被看做是一个不断在全球扩散的过程，我们引入逻辑斯蒂（Logistic）增长模型：

$$\frac{dY(t)}{dt} = kY(t)(N - Y(t)) - RY(t) \tag{8-1}$$

其中，R 表示淘汰率，即随着经济的增长，自然资源的使用加大，对生态环境的破坏也逐渐增加，这必将使得有效产出下降[①]。N 是特定资源的负载能力或产出上限，它本身是相应技术的函数，对同样的自然资源而言，更高的技术对应着更高的产出上限。另外，t 是时间，Y(t) 是该产业的产出水平。k 是进入这一技术领域时产出的增长率。

根据 $\dfrac{dY(t)}{dt}=0$ ，该产品的稳态产量为： $kY(t)(N-Y(t))-RY(t)=0$ ，经过简单运算得到：

$$Y^* = N - \frac{R}{k} \qquad\qquad (8-2)$$

下面来对参数 R 进行研究，假设参数 R 的变化用下式表示：

$$R = r(1 - a\frac{Y}{N})^2 \qquad\qquad (8-3)[②]$$

其中，r 表示企业学习能力的一个度量。系数 a 是对环境的一个测量：当 $-1 < a < 0$ 时，描写的是资源消耗型企业行为。在这里，当只有很少的企业进入市场时，对资源的消耗量较低，资源不能形成约束，退出系数很低；当越来越多的企业进入此领域时，对资源的消耗量增加，环境污染程度加大，资源、环境约束逐渐形成，企业退出该行业的比率会增大[③]；反之，当 $0 < a < 1$ 时，描写的是资源节约型企业行为。在这里，当只有很少的企业进入市场时，退出的系数很大，原因在于，当资源、环境不构成约束条件的时候，没有企业愿意从事资源节约型技术创新活动。当越来越多的企业进入该市场时，退出系数开始减少，原因在于，当资源、环境构成企业发展瓶颈的时候，资源节约型技术进步变得合乎情理，创新活动开始变得频繁。

将 R 的表达式带入上式可得到：

$$Y^* = \frac{1 - \dfrac{r}{\gamma N}}{1 - \dfrac{ra}{\gamma N}}N \qquad\qquad (8-4)$$

---

① 环境保护部环境规划院公布的《2009 年中国环境经济核算报告》显示，我国经济发展的环境污染代价持续上升。环境污染治理压力日益增大，自 2004 年以来基于退化成本的环境污染代价从 5 118.2 亿元提高到 9 701.1 亿元。2008 年的环境退化成本为 8 947.6 亿元。与此同时，2009 年环境退化成本和生态破坏损失成本合计 13 916.2 亿元，较上年增加 9.2%，约占当年 GDP 的 3.8%。

② 此处建模与陈平（2004）相似，但是在变量的含义上本章与其并不相同。

③ 当然，在现实中并不是退出市场，更多的企业是通过对外直接投资的形式将高耗能部分向外转移。

为了进行简单的比较，假设除了参数 a 其他参数都相同，由（8-4）式可以知道：$Y^*_{-1<a<0} < Y^*_{0<a<1}$，也就是说，在其他变量相同的条件下，资源节约型技术进步比资源消耗型技术进步有着更持久、更高的产出水平。

为了更具体地说明问题，这里对参数进行简单的赋值运算，令 $\gamma N = 1$，对于资源消耗型技术进步来说，令 $r = 0.8$，$a = -0.5$，则 $Y^*_{-0.5} = 0.14N$；对于资源节约型技术进步来说，令 $r = 0.1$，$a = 0.5$，则 $Y^*_{0.5} = 0.95N$。

这是一个很重要的结论，在产出空间一定的情况下，资源节约型技术进步能够提供更大的有效产量。而资源消耗型技术进步，随着生产的进行，其受到资源环境约束越来越大，相应的有效产出变得很少。这实际上意味着，为了保证越来越多的发展中国家进入现代化进程，保持持续增长的能力（即 Y^* 持续增加），资源节约型的技术进步变得非常重要。也就是说，发展中国家的崛起需要以资源、环境节约型技术进步为前提条件。

另外，如果我们假设 $Y^*_{-0.5} = Y^*_{0.5}$，也就是说，不论采用何种生产模式，其最终都可以维持的生存数量是一样的。在这种情况下，我们可以发现，$N^*_{-0.5} = 6.79 N^*_{0.5}$，这也就是说，假设说用资源节约型技术可以正好养活一个地球的人数，那么，如果我们还是利用环境污染型技术进行生产的话，养活相同的人类，其需要相当于 6.79 个地球。

在过去的几十年中，技术进步的速度史无前例，基本上是受到来自主要居住在高收入国家的、占世界 1/5 人口的最富有人们的需求所驱使。发达国家已经经历过这环境污染严重的阶段，并且逐渐摆脱了这一阶段，但随着越来越多的发展中国家进入发达的行列，对于资源和环境的需求将会越来越大，地球将会越来越脆弱。受市场驱使的技术进步被锁定在具有路径依赖性质的发展模式中，如果任由这种模式在高收入国家发展，并且把这一发展模式在后发国家任意复制，那么，世界的发展在生态、金融和社会系统等方面都是不可持续的，改变这种发展模式势在必行。

8.4 我国技术进步的路径与政策支撑体系

中国作为全球最大的发展中国家，所取得的经济成就举世瞩目。不过令人担忧的是，我国的工业化发展过程与环境治理模式与发达国家相似，仍然在走他们曾经走过的老路，在制度设计和激励机制上偏重末端治理，缺乏绿色转型的先导意识和主动行为。目前，中国经济增长主要依靠的是要素资源的大量投入，而非全要素生产率的大幅提升。据 IEA（2010）测算，中国 2000—2008 年的能源消费增量比 20 世纪 90 年代上升了四倍多，2009 年中国已超过美国成为全球最大的能源消费国。大量能源消耗对中国的环境状况造成了进一步的压力。当前人们已逐渐意识到，这种牺牲资源环境并藉由高投入、高能耗和高污染排放维持的增长模式是不可持续的。

周天勇（2010）指出，2040 年中国要达到发达国家发展水平时的资源和环境消耗，即使按照工业化国家中的低资源环境消耗水平，中国在未来的 30 年中，将消耗全球 50%左右的石油、天然气、钢铁等资源，形成全球 50%甚至更多的碳排放。未来突破资源环境瓶颈的关键是技术进步。但发展中国家所面临的技术进步的约束环境与发达国家是完全不同的，中国的技术进步必须是资源节约型、低碳环保型的技术进步。林毅夫（2012）[①]指出，开明的战略需要鼓励中国实现"绿色增长"，而不是继续走当下造成巨大未来环境成本的快速增长之路。鼓励低污染、资源和资源效率高的产业的投资有助于实现绿色发展，刺激相关上游和下游制造和服务业的投资，建设拥有国际竞争优势的全球性朝阳产业。

发展绿色经济已经成为当下众多后发国家乃至欧美等发达国家和地区的共识，全球即将进入新兴绿色产业经济快速发展和创新密集的时代。中国作为最大的发展中国家，必将成为在新工业技术变革中起主导作用的国家之一。毫无疑问，科技进步将是推动绿色经济发展的根本动

---

① 林毅夫. 中国同时面临着几个严重挑战［N］. 中国证券报，2012-03-19.

力之一，而有效的治理模式将是实现中国长期可持续发展的重要保障。

（1）我国技术进步的路径选择——顶端治理

由产业层面的理论分析可以看到，当越来越多的后发国家进入工业化进程以后，在全球层面上实施发展方式的转变势在必行。所谓顶端治理是相对于末端治理而言的，它是指从源头上尽最大的可能切断技术进步与环境污染之间的联系，限制污染的出现，而不是等到污染出来之后进行治理。

作为后起的工业化大国，我国完全有条件在借鉴发达国家工业化污染治理经验教训的基础上，逐步摒弃"先污染、后治理"的末端治理模式，不断吸收世界上先进的产业升级和环境治理理念，加快推动绿色技术进步模式，建立先发优势，加快绿色发展步伐，为后发国家的工业化进程建立绿色模式。绿色转型需要在发展理念、增长方式、目标方向等方面做出重大的转变，要从战略层面上高度予以重视和推动，加强机制创新，建立完善制造业绿色发展的政策支撑体系（如图8-4所示）。

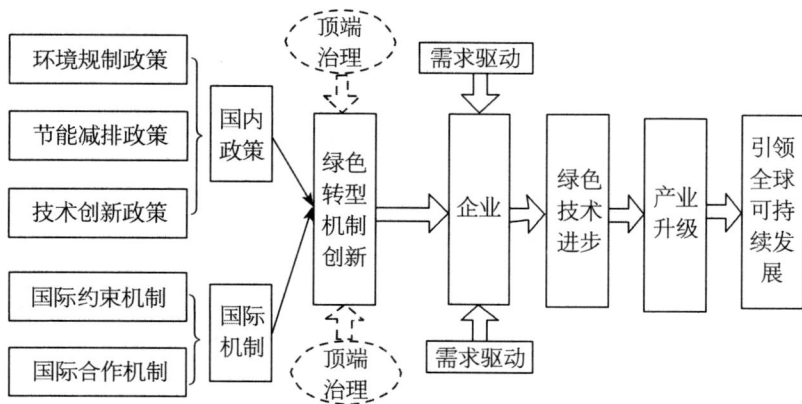

图8-4 发展中国家技术进步模式

图8-4指出，在顶端治理的模式中，我国产业绿色转型的创新路径需要综合性、体系化、开放式的战略框架，既需要国内相关政策的推动和约束，又需要国际社会相关的约束与合作机制的建立，通过国内旺盛的需求力的配合，共同推动我国企业绿色技术创新的出现，推动产业升级，占领技术进步的制高点，引领全球经济可持续发展。

（2）我国技术进步的政策体系

发展中国家政府的一个重要任务是培育本土公司，以开发出适合新型发展道路的技术，满足人民的需求，这种新的发展道路将不同于全球化时代高收入国家所遵循的道路。尽管中国企业在技术能力上与发达国家企业有着很大的差距，但是，我国本土企业完全有能力利用广阔的、不断扩大的内需空间开发出能够满足人民需求的技术。"十二五"时期是我国工业结构调整、转型升级的重要战略机遇期，应充分利用全球掀起绿色新政高潮的机遇，加快制定相应政策，进一步推动产业绿色转型。

①制定绿色转型的战略规划，构建绿色产业体系。应以绿色转型作为中国工业"由大转强"的指导思想，统一规划，制定中国工业绿色转型的战略框架和国家绿色创新路线图，确立工业绿色转型的战略目标、优先发展领域、战略布局和主要任务。加快工业结构调整，加大绿色投资力度，大力发展战略性新兴产业，构建绿色工业体系。

②完善绿色政策体系。首先，改革以 GDP 为核心的干部政绩考核体系，建立一套与绿色经济挂钩的政绩考核体系。其次，加大对节能产品研发和使用的优惠，对一些关键性的、节能减排效益显著的相关产业和产品实行一定的增值税减免优惠政策，实施绿色税制。最后，鼓励金融机构对绿色产业和企业给予优惠的信贷支持，从财政支持的角度对绿色技术采用的融资进行差别贴现，搭建多种形式的科技金融合作平台，引导各类金融机构和民间资金参与绿色技术开发。

③推动要素价格形成机制市场化改革。当前，在要素资源领域的价格形成机制中，非市场化定价手段还发挥着一定的作用，要素资源领域的价格扭曲使得企业缺乏动力改进技术工艺。理顺自然资源价格体系，要让不断上升的资源价格和不断增加的环境成本能够进入到企业的日常经营决策中，推动企业下决心进行自主创新，实施绿色转型。当然，这个过程不应过快，否则会使一大批中小企业因在短时间内难以消化价格上涨的压力而倒闭。

④强化知识产权保护，制定行业标准。首先，完善技术创新的知识产权保护体系，增强企业进行技术创新的积极性。其次，推动行业标准

制定以及产品、技术规范化，促使绿色技术在中国工业领域更广泛地应用。

⑤建立环境补偿机制。长期以来，中国并未真正建立起覆盖全国地区间的生态环境补偿机制，导致生态环境脆弱或资源富集地区的利益长期受损，丧失了地区经济发展机会。首先，将企业资源开采的环境成本按照市场机制定价并纳入到原材料成本核算之中。其次，政府要出台具有市场调节作用的政策工具，如碳税，提高企业环境污染治理成本。最后，增加企业对节能减排设备投资的税收优惠力度，强化企业采用先进技术和生产装备的微观激励。

环境污染的持续增加是对国际社会的一个重大挑战，这需要来自发达国家和后发国家企业的共同努力，引导企业摆脱对旧式技术进步的路径依赖，向可持续发展的方向前进。中国作为全球最大的发展中国家，有责任也有义务参与全球绿色治理，引领绿色发展潮流，引导后发国家在工业化进程中逐渐朝着改善环境、绿色发展的道路前进，推动全球的可持续性发展。

9 半城镇化下的需求约束、经济增长与我国产业结构演变

9.1 引言

改革开放以来，随着限制人口自由流动的因素减少，我国出现了人口流动大潮。第六次全国人口普查数据显示，全国流动人口高达 22 103 万人左右，其中省级流动人口达 8 588 万人左右，流动人口推动了我国城镇化的进程。不过，这其中一个重要的事实是，大量流入城镇的劳动力并没有解决户籍问题，城镇化率与户籍城镇化率之间的差距即半城镇化率越拉越大（如图 9-1 所示）。

数据显示，截止到 2013 年，我国半城镇化率已经超过了 18%。由于城镇化的这种特殊模式，中国今天的人口和社会结构已经从二元经济结构变成中国特色的三元制（即三三制）的结构：大约 1/3 的城市户籍人口，1/3 的纯农村人口，1/3 的农民工及其直系亲属位于城镇与乡村

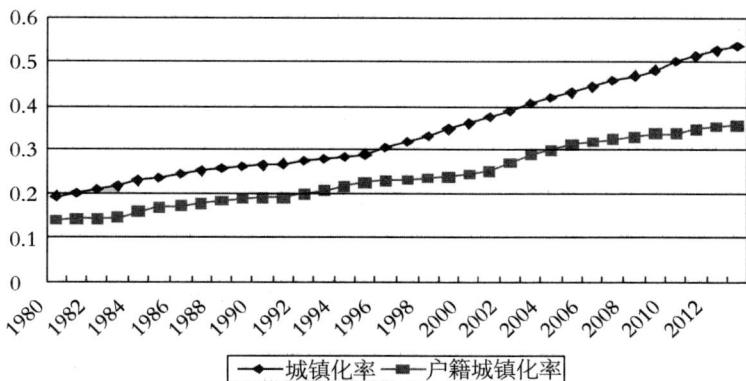

图 9-1　1980—2013 年我国城镇化率和户籍城镇化率演变趋势

数据来源　《中国统计年鉴》《中国人口与就业统计年鉴》《中国人口统计年鉴》相关各期。

之间（华生，2012）[①]。中国城镇化畸形发展带来的诟病越来越受到理论界和实践界的关注。在经济层面上，辜胜阻（2007）指出中国城市流动人口和农民工数量大、素质较差、劳动力成本低的特点决定了中国的工业化表现为一种低价工业化模式；杨永华（2010）认为"用工荒"的出现主要源于半城镇化的发展模式；潘锦云等（2014）研究发现，我国城镇化畸形发展带来的诸多弊端，不仅成为制约工业化升级发展的因素，也成为发展新型城镇化的障碍。在社会层面上，中国发展研究基金会发布的《中国发展报告 2010：促进人的发展的中国新型城镇化战略》指出，半城镇化中的农民在劳动报酬、子女教育、社会保障、住房等许多方面并不能与城市居民享有同等的待遇，在城市没有选举权和被选举权等政治权利，不能真正融入城市社会；王春光（2006）[②]从非正规就业和发展能力的弱化、居住边缘化和生活"孤岛化"和社会认同的"内卷化"三个方面揭示了农民工的"半城镇化"现象，指出半城镇化是一个严重的社会问题，是社会发展的一个严峻挑战。

　　虽然半城镇化带来的问题很多，但不能否认的是，自改革开放以来，伴随着半城镇化规模的持续增加，我国经济也出现了快速增长的势头，目前已经稳居全球第二位。由此，我们需要思考的是，半城镇化如

[①]　华生. 中国改革：做对的和没做的 [M]. 北京：东方出版社，2012.
[②]　王春光. 农村流动人口的"半城镇化"问题研究 [J]. 社会学研究，2006（5）：107–121.

何推动了我国经济的快速增长？这种"畸形"的城镇化进程会对我国经济社会的持续发展带来哪些不确定性和风险？尤其是在我国要素成本上升、产业开始向外转移的大背景下，半城镇化是否会让中国掉入"中等收入陷阱"，如何避免半城镇化带来的负面影响？对上述这些问题的回答是我们研究的主要目的。

9.2　半城镇化背景下的经济增长机制探析

假设一地区劳动力流入数量为 L，其对当地经济的贡献为 $X = AL^{\theta}$，$\theta > 0$，为了分析问题简单起见，令 $A = 1$[①]。假设流入人口经济贡献的 a（$0 < a < 1$）部分用于消费当地相关产品。

根据基础-乘数模型（Fujita，Krugman & Venables，1999）[②]，假定 a_t 是上期区域收入的函数，即 $a_t = kY_{t-1}$，$0 < k \leqslant 1$。另外，假定 a_t 存在一个极大值 $\bar{a}$，则可以确定 Y 与 L 之间的关系可以表述为：

$$Y_t = \frac{1}{1-a_t}X_t = \frac{1}{1-ky_{t-1}}L_t^{\theta}, \quad 0 < a_t = kY_{t-1} < \bar{a}$$

$$Y_t = \frac{L_t^{\theta}}{1-\bar{a}}, \qquad \bar{a} < a_t = kY_{t-1} < 1$$

由此，可以如图 9-2 所示（该图根据 $\theta > 1$ 作出）对区域经济增长机制进行描述。

区域经济随劳动力流入的增加而增长的轨迹由曲线 OM′和 ON′合成，具体说来，当劳动力流入位于 $(\frac{\bar{a}(1-\bar{a})}{k})^{\frac{1}{\theta}}$ 与 $(4k)^{-\frac{1}{\theta}}$ 之间时，所对应的区域收入有两个，分别为 OM 与 NN′所对应的收入，其中哪一个才是真正的收入呢？这主要应看区域经济是增长过程还是萎缩过程：当劳动力流入从 0 逐渐扩大时，区域收入沿 OM 曲线逐步扩大，当区域劳动力流入超过 $(4k)^{-\frac{1}{\theta}}$ 时，质的变化将会发生，区域收入将会迅速跃升为 $Y_t = \frac{L_t^{\theta}}{1-\bar{a}}$，产业"向外聚爆"，完成了区域经济增长的蝉变，这一跃升

---

① 流入人口对一个地区经济发展的贡献是显而易见的。例如，薛伟玲（2014）研究发现，与原住民相比，流入人口对当地经济增长的贡献更高。
② FUJITA M，KRUGMAN P，VENABLES A J. The Spatial Economy：Cities，Regions and International Trade［M］. MIT Press，1999.

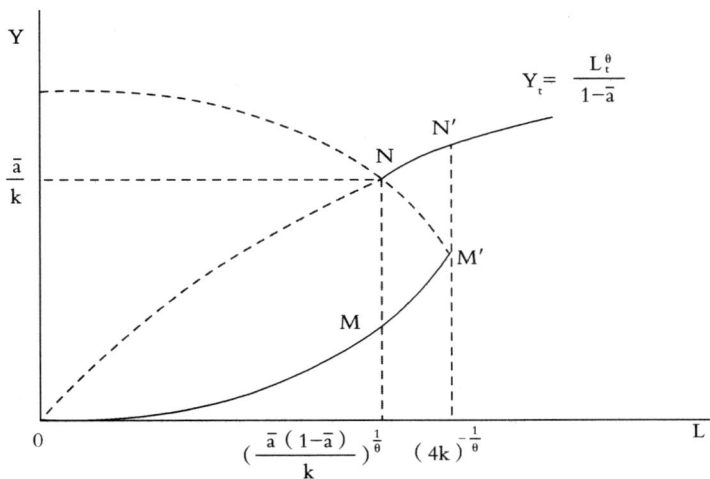

图 9-2 劳动力流入下的经济增长机制

将会使区域经济增长跃上一个新台阶；当经济增长开始放缓，产业开始向外转移的时候，外来劳动力尤其是无户籍劳动力开始逐渐流出，区域收入沿直线 N′N 逐步降低，当流入的劳动力减少到 $(\frac{\bar{a}(1-\bar{a})}{k})^{\frac{1}{\theta}}$ 时，劳动力流入的任何微小减少，都会带来区域经济的巨大萎缩，产业"向内聚爆"，由"天堂"迅速跌到"地狱"。

另外，这里要注意自变量 k 的意义。由于 k 表示上一期收入中用于消费本地产品的系数，因此，k 越大则劳动者收入中用于消费本地产品的比重就越高，k 越小则劳动者用于消费本地产品的比重就越低。进而可以认为，k 越大则表明转移的劳动力中拥有户籍的人数就越多，就越倾向于在本地消费各种产品；k 越小则转移过来的劳动力中拥有户籍的人数就越少，其收入将更多的向农村转移，在本地消费的部分就越少[①]。

具体情形如图 9-3 所示（此图根据 θ>1 作出）。

在图 9-3 中，OM 这条曲线代表 k 值较大时的曲线，OM′这条曲线代表 k 值较小时的曲线。假设 ā 值保持不变，通过对比可以发现，当

[①] 大量资料均证实，我国转移就业人口的收入很大一部分回流到了转出地，成为劳动力转出地区重要的收入来源。例如，2008 年，四川省农村劳动力输出规模达 2 023.4 万人，通过邮寄或现金的方式流回的劳务收入 1 228 亿元（数据来源于"四川省人力资源和社会保障厅"）；2009 年，河南省转移就业的农村劳动力总量为 2 258 万人，流回的劳务收入达到 1 695 亿元（数据来源于"河南省人力资源和社会保障厅"）。

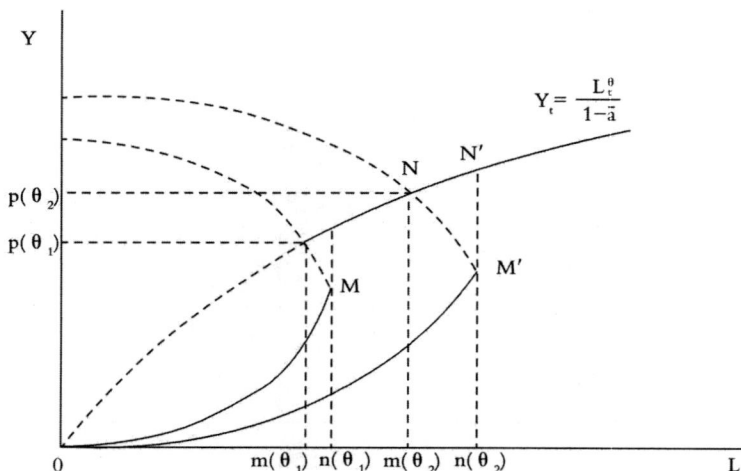

图 9-3　不同 k 值下的经济增长机制

k 值较大时，区域收入沿 OM 曲线逐步扩大，当区域劳动力流入超过 $n(\theta_1)$ 时，质的变化将会发生，区域收入增长将会迅速跃升为 $Y_t = \dfrac{L_t^{\theta}}{1-\bar{a}}$，产业"向外聚爆"；当 k 值较小时，区域收入沿 OM'曲线逐步扩大，当区域劳动力流入超过 $n(\theta_2)$ 时，质的变化将会发生，区域收入增长也将会迅速跃升为 $Y_t = \dfrac{L_t^{\theta}}{1-\bar{a}}$，产业也会"向外聚爆"。

显而易见，当 k 值较小时产业"向外聚爆"的过程相比 k 值较大时显得过于漫长。原因在于，k 值较小代表外来务工人员没有获得本地正式户口或者与本地居民相等的待遇，在这种情况下，乘数效应就比较小，只有收入达到足够高水平的时候才能够"向外聚爆"，推动区域经济迈上一个新的台阶；反之，k 值较大代表外来务工人员更容易获得本地正式户口或者与本地居民相等的待遇，在这种情况下，乘数效应效果就非常大，大部分的收入都将在本地消费，能够支撑起当地服务业等产业的发展，在收入不是很高的时候就可以"向外聚爆"。

同理，当经济增长开始放缓，产业开始向外转移的时候，外来劳动力尤其是无户籍劳动力开始逐渐流出，区域收入沿直线 PN 逐步降低，当流入的劳动力减少到 $n(\theta_2)$ 或者 $m(\theta_2)$ 时，劳动力流入的任何微小减少，都会带来区域经济的巨大萎缩，产业"向内聚爆"，由"天堂"迅速跌入"地狱",或许由此就会掉入"中等收入陷阱"。另外,也是非常重要的一点是,如果一个地区经济增长更多的是普通劳动力引致的话,这种经济增长也很难具有可持续性,当外部条件发生变化的时候,"塌陷"很容易发生,有掉入"中等收入陷阱"的风险。当然,在现实中必须要认识到,高级人才的引进是建立在大量的普通劳动力流入基础之上的。也就是说,大量普通劳动力的流入能够使当地经济充满生机活力,这为高级人才的流入奠定了基础。

9.3 我国半城镇化驱动因素:工业还是服务业

9.3.1 工业化、服务业与城镇化的演变轨迹

如图 9-4 所示,左右两幅图分别说明了自 1980 年以来,我国工业化与城镇化之间以及服务业与城镇化之间的关系。通过直观的观察可以发现,工业化水平与城镇化水平之间没有一个明确的趋势关系①,服务业水平与城镇化之间有一个比较微弱的正相关关系,但并不非常明显。

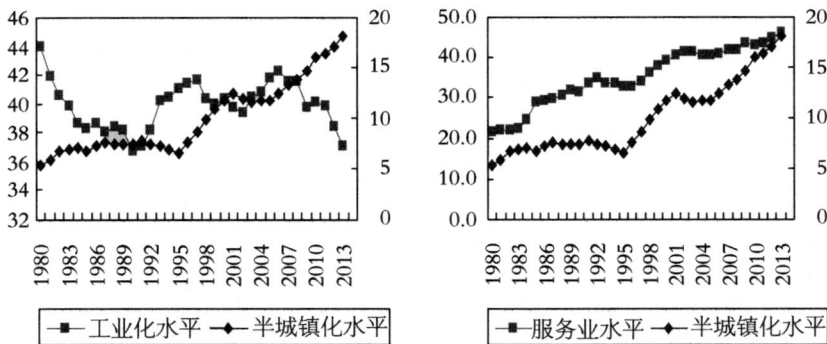

图 9-4　1980—2013 年我国工业、服务业与城镇化之间的关系

数据来源　《中国统计年鉴》《中国人口与就业统计年鉴》《中国人口统计年鉴》相关各期。

---

① 实际上,城镇化与工业化水平之间即使在世界范围内也并没有一个比较明确的关系。例如,世界银行的数据显示,2010 年全球平均的城镇化率/工业化率的比值为 1.95。其中,发达国家美国的城镇化率/工业化率为 4.1,法国为 4.11,英国为 4.09,德国为 2.64,日本为 2.48;发展中国家的巴西、俄罗斯、南非和印度,城镇化率/工业化率的比值也分别达到 3.22、1.97、1.38 和 1.15,而同期的中国仅为 1.09。

如图 9-5 所示，左右两幅图展示了自 1980 年以来，我国工业化与半城镇化之间以及服务业与半城镇化之间的关系。

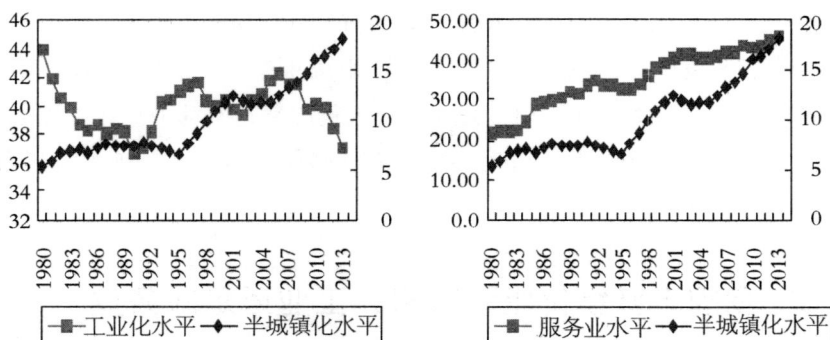

图 9-5 1980—2013 年我国工业、服务业与半城镇化之间的关系

数据来源：《中国统计年鉴》《中国人口与就业统计年鉴》《中国人口统计年鉴》相关各期。

可以比较清晰地观察到一下事实：工业化与半城镇化之间大体呈现出一个负相关的关系，而服务业与半城镇化之间的变化趋势具有非常一致的正相关关系。前者能够表明工业化并非我国半城镇化形成的主导因素，甚至我们可以说，是阻碍因素；后者说明了服务业的发展才是半城镇化形成的主导因素。

另外，从英国工业革命以来的世界各国和地区经济发展历史看，工业化对于城镇化起到了巨大的推动作用，当工业化的力量变得强大时，城镇化便成为了工业化的一个结果。鉴于此，并与图 9-5 相联系，我们可以做出以下推测：工业化驱动了我国经济的快速增长，是半城镇化的触发条件，而基于工业化发展起来的服务业才是我国半城镇化成长的主要驱动因素，服务业是半城镇化和工业化之间的中介变量。接下来，我们通过实证研究对半城镇化的影响因素做进一步探讨。

9.3.2 半城镇化影响因素的实证分析

（1）研究设计以及数据说明

我们建立计量经济模型如下：

$$bczh_t = \beta_0 + \beta_1 fwy_t + \beta_2 fwy_t^2 + \sum \chi_i others_t + \varepsilon_t$$

其中，因变量为半城镇化水平（bczh，），计算方法为城镇化率减去非农城镇化率。自变量包括服务业水平（fwy，），计算方法为服务业增加值占 GDP 比重。理论上来说，服务业的增加能够带动地区经济发展和人口的集聚，推动城镇化进程，但我国的城镇化在很大程度上表现为半城镇化，因此服务业与半城镇化之间的关系并不是非常明确。考虑到这一点，在上述回归方程中加入了二次方项。Others，代表其他变量，具体说来，工业化水平（gyh，），计算方法为工业增加值占 GDP 比重；开放度（kfd，），计算方法为历年进出口总额除以 GDP；教育水平（jy，），计算方法为历年教育投入占 GDP 的比重；固定资产形成率（gdzc，），计算方法为固定资本形成总额除以 GDP。这里所用数据分别来自于《新中国 50 年统计资料汇编》《中国统计年鉴》《中国人口与就业统计年鉴》《中国人口统计年鉴》相关各期。上述变量的统计描述，见表 9-1。

表 9-1 主要变量统计描述

变量	观测值	均值	标准差	最小值	最大值
bczh	34	10.0297	3.5994	21.6	46.1
fwy	34	35.0647	7.1633	5.3451	18.0296
gyh	34	39.8892	1.6427	36.7370	43.9213
kfd	34	36.977	14.8706	12.5395	64.8864
jy	34	2.8194	0.5503	2.2010	4.3010
gdzb	34	35.2039	6.3127	25.8616	47.3020

（2）实证结果和说明

表 9-2 列示了半城镇化影响因素的计量结果[①]。计量结果显示，服务业对半城镇化的影响非常显著，呈现"U 形"趋势。在"U 形"曲线的左边，随着服务业增长，半城镇化降低，这表明了服务业增长与城镇化之间的一个良性关系。不过图 9-5 显示，这并不符合目前我国现实情况，这将是我国城镇化下一步追求的目标。因此，目前，服务业对半城镇化的影响主要集中在曲线的右半部分，这表明了服务业推动了半城镇化的快速进行。

---

① 本书所用时间序列数据经检验，均具平稳性，篇幅所限，在这里并没有列出，需要的可以向作者索取。

　　另外，开放度的增加减少了半城镇化规模，我们认为，以进出口规模衡量的我国开放度提高背后的原因在于我国工业品产能的快速扩张以及大规模的出口，这在很大程度上代表了我国工业快速扩张的进程，这也从另一个层面佐证了图 9-5 中左图的负相关关系，即工业化并不是半城镇化形成的主导因素；教育的提高推动了半城镇化进程，这背后的机制可能是，随着九年义务教育的不断深入，越来越多的农村孩子获得了教育机会，从而提高了进入城镇谋生的能力，推动了其入城务工的可能性；固定资产形成率对半城镇化的影响为正，但是并不显著，这说明固定资本形成率是半城镇化形成的一个较次要原因。

表 9-2　　　　　　　　　　　　计量估计结果

解释变量	被解释变量 bczh$_t$				
	（1）	（2）	（3）	（4）	（5）
fwy$_t$	−1.4822***	−1.39867***	−1.0502***	−0.0064***	
	（−8.01）	（−7.71）	（−4.23）	（−4.1）	
fwy$_t^2$	0.0287***	0.0285***	0.0223***	0.0203***	
	（10.49）	（10.88）	（5.49）	（4.82）	
gyh$_t$					−0.0921
					（−0.61）
kfd$_t$		−0.0366**	−0.0263	−0.0361*	0.0581**
		（−2.00）	（−1.44）	（−1.89）	（2.17）
jy$_t$			1.0081*	1.0027*	3.0498***
			（1.96）	（1.99）	（4.19）
gdzc$_t$				0.4839	0.2105**
				（1.48）	（2.60）
常数项	25.1927***	23.9398***	16.5033***	13.1727**	−4.225
	（8.34）	（8.11）	（3.49）	（2.55）	（−0.67）
F 值	327.97	241.06	198.89	166.10	63.40
调整的 R^2	0.9520	0.9562	0.9648	0.9616	0.8974
D·W 值	0.6505	0.9181	0.8769	0.8246	0.7123
观测值	34	34	34	34	34

　　注：括号内为 t 统计量；"*"表示在 10%的水平上显著，"**"表示在 5%的水平上显著，"***"表示在 1%的水平上显著。采用的软件为 Stata 10.0。

实证分析证实了上述推测，即工业化是我国半城镇化的触发条件，而服务业是半城镇化成长的主要驱动因素。具体说来，作用机制如下：工业化进程为城镇化提供了重要的经济基础，增加了相对收入较高的有旺盛购买力的人群，进而诱导了服务业发展，这为城镇提供更多就业岗位、促进城镇软硬设施的完善，吸引农村人口和生产要素进一步向城镇集中，从事于服务业，非户籍人口向城镇集聚，最终推动了我国半城镇化进程。

9.4 半城镇化背景下的问题及其可能产生的风险

9.4.1 问题一：居民消费不足

半城镇化下，农村劳动力流入城镇后，由于没有户籍，社保、医疗以及教育等各种公共服务并没有享受到，再加上收入有限，因此主要扮演着为有户籍的城镇人口打工的角色，消费能力等必然不足。汤向俊、俞慧君（2013）研究发现，农业转移人口的半市民化抑制了消费需求，而服务业发展滞后又不利于劳动报酬提升，进而导致消费不足。朱传耿等（2001）指出，流动人口规模与经济增长要素、投资要素相关显著，与社会发展要素、消费要素相关不显著。Chen 等（2015）[1]指出，由于农村到城市（包括城市间）的移民数据不断增长，同时，受制于户籍身份，外来移民预期未来回乡后收入将下降从而在当前更多储蓄来平滑消费，移民的社会保障覆盖率低从而更多有预防性储蓄，由于未来迁移成本的原因而不愿意消费耐用消费品。根据 2007 年的 CHIPS 调查数据估计，移民的消费比城镇居民低 16%~20%。

另外，如图 9-6 所示，不管是与发达国家相比还是与发展中国家相比，我国的消费能力都比较低。实际上，为了扩大内需和促进消费，中央政府采取了一系列措施，其中包括低利率、家电下乡、以旧换新以及国务院于 2008 年底推出的扩大内需"十项措施"等，然而我国社会

① CHEN, BINKAI, MING LU, et al. How Urban Segregation Distorts Chinese Migrants' Consumption [J]. World Development, 2015, 70（6）: 133-146.

的最终消费率不升反降，2010 年降至了 49.1%[①]。

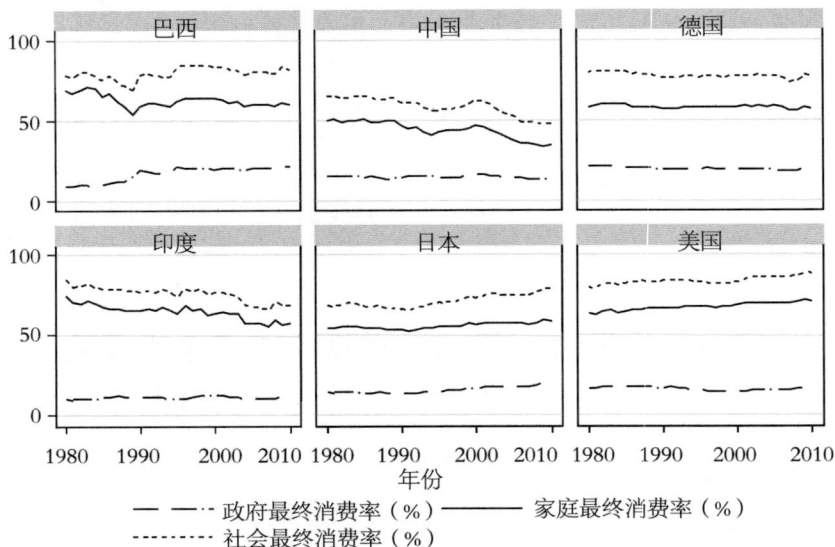

图 9-6 中国与部分国家消费率的比较（1980—2010）

数据来源 世界银行开放数据库"世界发展指数"。

9.4.2 问题二：政府收入消费过高

中国改革开放以来政府部门、城镇和农村居民的平均消费倾向以及政府和农业部门相对收入的大小及其变化，通过表 9-3 给出了各部门平均消费倾向以及政府与农村居民收入比（1978—2010 年的变化情况）。我们可以看出，1996 年之前农村居民平均消费倾向大于 0.8，此后则一直低于 0.8；城镇居民平均消费倾向具有类似的趋势，1997 年以前高于 0.8，此后则低于 0.8。总体而言，城镇居民的平均消费倾向要高于农民，前者在 1978 至 2010 年间平均为 0.82，后者为 0.803。政府部门的平均消费倾向采用政府消费与财政收入之比来度量，以 1994 年分税制改革为界，呈现出"倒 V 形"变化趋势。1978—2010 年平均消费为 0.897，高于居民平均消费倾向。政府财政收入与农村居民收入之比在改革开放初期因农业快速增长而不断下降，1996 年降至最低值

---

① 虽然最近几年消费率有所上升，但这是建立在经济出现衰退、投资率较大幅度下滑基础之上的。

0.427，2010 年则增至 2.035。

表 9-3　　1978—2010 年各主体平均消费倾向以及政府与农村居民收入比

时间	农村居民 消费倾向	城镇居民 消费倾向	政府部门平均 消费倾向	政府财政收入/ 农村居民收入
1978	0.869	0.906	0.424	1.073
1979	0.840	0.893	0.543	0.906
1980	0.848	0.863	0.583	0.762
1981	0.854	0.913	0.624	0.659
1982	0.815	0.880	0.670	0.560
1983	0.801	0.896	0.655	0.547
1984	0.771	0.858	0.672	0.575
1985	0.798	0.911	0.648	0.615
1986	0.842	0.887	0.716	0.605
1987	0.861	0.883	0.763	0.565
1988	0.875	0.935	0.836	0.504
1989	0.890	0.881	0.882	0.517
1990	0.852	0.847	0.899	0.501
1991	0.875	0.855	1.067	0.512
1992	0.841	0.825	1.207	0.501
1993	0.835	0.819	1.262	0.526
1994	0.833	0.738	1.418	0.471
1995	0.831	0.826	1.342	0.437
1996	0.816	0.810	1.345	0.427
1997	0.774	0.811	1.297	0.463
1998	0.736	0.798	1.251	0.517
1999	0.714	0.789	1.199	0.593

时间	农村居民 消费倾向	城镇居民 消费倾向	政府部门平均 消费倾向	政府财政收入/ 农村居民收入
2000	0.741	0.796	1.169	0.687
2001	0.736	0.774	1.068	0.814
2002	0.741	0.783	0.992	0.917
2003	0.741	0.769	0.923	1.016
2004	0.744	0.762	0.846	1.130
2005	0.785	0.757	0.834	1.246
2006	0.789	0.740	0.788	1.411
2007	0.779	0.725	0.700	1.665
2008	0.769	0.712	0.681	1.768
2009	0.775	0.714	0.667	1.871
2010	0.740	0.705	0.645	2.035

数据来源　历年《中国统计年鉴》。

图 9-7 中给出了中国 1978—2010 年间城乡居民收入差距与各种社会消费率的变化趋势。其中，城乡收入差距为农民纯收入与城镇居民可支配收入的比，各种最终消费率为各类消费支出占 GDP 的比重。图 9-7 中左边纵轴为城乡居民收入差距的大小，右边纵轴为各种最终消费率的大小。可以看出，城乡居民收入差距在 20 世纪 80 年代中期以后基本呈不断扩大的趋势，尽管它在 90 年代中期有所下降。在各种最终消费率中，全社会最终消费率、居民最终消费率、农村居民最终消费率基本呈不断下降的趋势，而城镇居民最终消费率则在 2000 年以前有不断提高的趋势，此后则不断下降。当然我们看到，总的消费率这些年来是下降的，其中的核心在于投资过高。不过我们发现，即使总的消费率降低，但是政府最终消费率则基本不变，因此，可以认为政府的消费比重与其他消费相比，越来越高了。

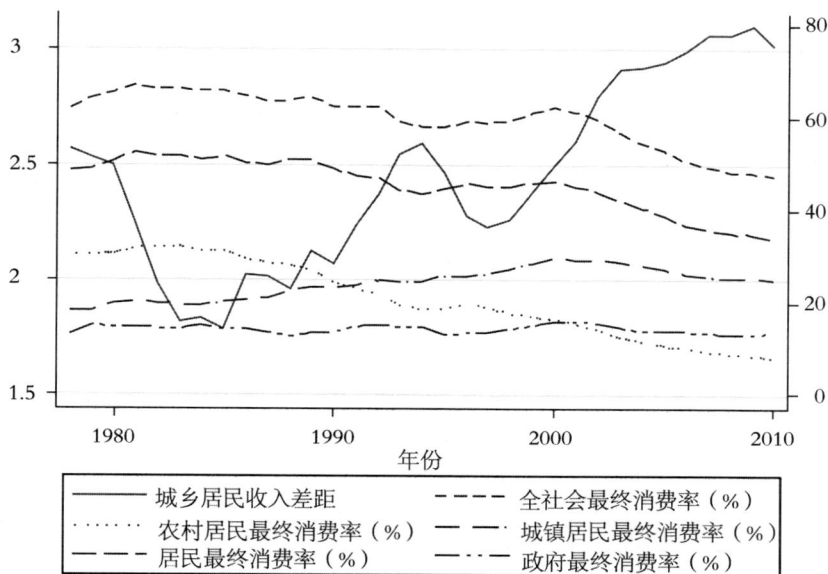

注：左边纵轴为城乡居民收入差距；右边纵轴为各最终消费率。

图 9-7　城乡居民收入差距和最终消费率（1978—2010）

9.4.3　风险：跌入"陷阱"

随着我国工资等要素成本的增加、环境成本的上升以及新常态概念等的提出，我国低端工业已经开始逐渐向国外转移。不过，由于我国的畸形城镇化制约了工业化升级（潘锦云等，2014），阻碍了消费水平和层次的提升，抑制了生产性服务业的崛起，因此当低端工业开始向外转移，新常态还没有真正出现、工业的产业升级能力还不完全具备、服务业发展的自增强机制不能够有效建立起来的时候（Guerrieri，2005）[①]，国产业有可能面临着"空心化"的可能性，有掉入"陷阱"中的危险（如图 9-8 所示）。具体说来，一是农村有可能掉入"马尔萨斯陷阱"；二是城市则有可能掉入"中等收入陷阱"。

————————

① GUERRIERI P. Technology and International Competitiveness：The Interdependence between Manufacturing and Producer Services ［J］. Structural Change and Economic Dynamics，2005，16（4）：489-502.

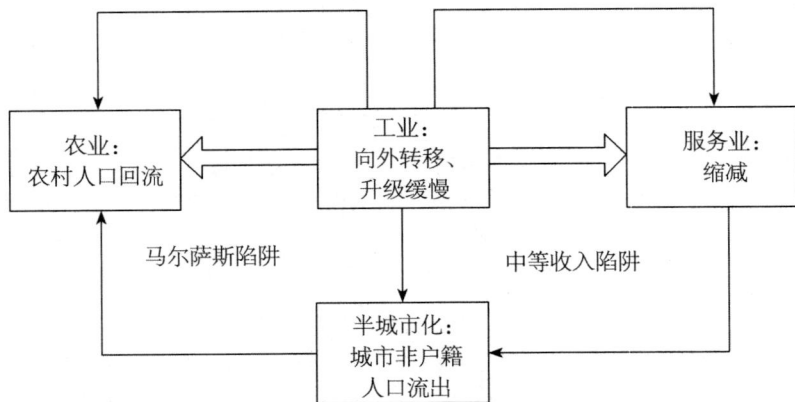

图 9-8 半城镇化可能有的"陷阱"

9.5 结论与政策建议

我们通过理论分析表明，劳动力流入能够推动地区经济的增长，流入的持续增加会使经济发生巨变，但是经济增长放缓会使半城镇化下的劳动力回流，当达到一定规模时，会带来经济的大幅度下滑。实证分析证实了，工业化仅是半城镇化的触发条件，服务业才是半城镇化成长的真正动力。由此，半城镇化下的消费不足和产业升级抑制等将会给我国经济的长期增长带来巨大的风险，并使我国掉入到"陷阱"中去。为了化解半城镇化可能给我国经济社会带来的影响，我们认为要从以下几点进行调整：

第一，及早解决户籍制度问题。户籍制度是产生半城镇化的制度根源，直至现在，户籍制度改革仍未获得实质性的进展。城乡差距越大，改革户籍制度受到的阻力就越大，改革就越难进行，因此户籍制度越早改革越好。不过要注意的是，户籍制度的改革要与一国经济增长现状相协调。否则，如果在经济出现下滑时取消户籍制度，则很可能会使我国陷入"人口城镇化陷阱"。实际上，拉美一些国家早在"中等收入陷阱"出现之前，已掉入"人口城镇化陷阱"。

第二，避免过早"去工业化"。在工业化还没有完全实现之前，就急于进入后工业化发展阶段，就会导致工业下滑，在这种情况下，即使服务业所占比重不断提高，也难以避免经济出现问题。例如，因为金融服务业的发展对富人（有产者）是有利的，而对于中产阶级、特别是穷人是非常不利的，因此当美国的金融活动占 GDP 的比重超过 9% 的时候，美国的收入差距便急剧扩大，基尼系数不断提高。

第三，降低政府在国民收入分配中的比重。由于政府收入在国民收入分配中的比重不断提高，才导致了居民收入比重的不断下降。由此，在我国向新常态的过渡时期，投资比重的下滑是必然的，消费所占比重必然上升，但是要坚决避免上升的消费更多被政府部门挤占的现象再次发生，而这其中的关键在于政府真正以民为本，减少对财政收入过高增长的追求，适当降低政府收入在国民收入中的比重。

主要参考文献

一、英文部分

[1] ACEMOGLU, DARRON, JOHNSONS, et al. The Colonial Origins of Comparative Development: An Empirical Investigation [J]. American Economic Review,2001,91(5):1369-1401.

[2] ADES, ALVERTO, EDWARD, et al. Evidence on Growth, Increasing Returns and the Extent of the Market [J]. Quarterly Journal of Economics,1999,114(3):1025-1045.

[3] AMIGHINI, ALESSIA. China in the International Fragmentation of Production:Evidence from the ICT Industry[J]. The European Journal of Comparative Economics,2005,2(2):203-219.

[4] AOKI, MASANAO, YOSHIKAWA, et al. Demand Saturation-creation and Economic Growth[J]. Journal of Economic Behavior & Organization, Elsevier,2002,48(2):127-154.

[5] ARROW, KENNETH J. The Economic Implications of Learning by Doing [J]. Review of Economic Studies,1962(29):155-173.

[6] CHENERY, HOLLIS. Patterns of Industrial Growth [J]. American

Economic Review,1960(5):624-654.

[7]   CLARK C. The Conditions of Economic Progress [M]. London:
       Macmillan,1994.

[8]   COLE M A. The Pollution Haven Hypothesis and Environmental Kuznets
       Curve:Examing the Linkages[J]. Ecological Economics,2004(48):71-
       81.

[9]   DE BRUYN SM, VAN DEN BERGH JCJM, OPSCHOOR J B. Economic
       Growth   and   Emissions: Reconsidering   the   Empirical   Basis   of
       Environmental Kuznets Curves[J]. Ecological Economics,1998,25(2):
       161-175.

[10]   DOSI G. Sources, Procedures and Microeconomic Effects of Innovation
       [J]. Journal of Economic Literature,1988(26):1120-1171.

[11]   DINDA S, COONDOO D, PAL M. Air Quality and Economic Growth: An
       Empirical Study[J]. Ecological Economics,2000(34):409-423.

[12]   DINDA S. Environmental Kuznets Curve Hypothesis: A Survey [J].
       Ecological Economics,2004(49):431-455.

[13]   GROSSMAN,GENE M,ELHANAN,et al. Quality Ladders in the Theory of
       Growth [J]. Review of Economic Studies,1991(58):43-61.

[14]   GROSSMAN, GENE M, KRUEGER, et al. Economic Growth and the
       Environment[J]. Quarterly Journal of Economics, 1995, 110(2):353-
       377.

[15]   GROSSMAN,GENE M,ELHANAN,et al. Outsourcing in Global Economy
       [J]. NBER Working Paper,2002,No.8728.

[16]   GUERRIERI P. Technology and International Competitiveness: The
       Interdependence between Manufacturing and Producer Services [J].
       Structural Change and Economic Dynamics,2005,16(4):489-502.

[17]   HOFMANN W G. Industrial Economics [M]. Manchesters University
       Press,1958.

[18]   HUMMELS D,RAPOPOR D,YI K-M. The Nature and Growth of Vertical
       Specialization in Word Trade [J]. Journal of International Economics,
       2001(54):75-96.

[19]   HUMPHREY J, SCHMITZ H. Chain Governance and Upgrading: Taking
       Stock Local Enterprises in the Global Economy-Issues of Governance and
       Upgrading[M]. Cheltenham:Edward Elgar,2004.

[20]   JABBOUR,LIZA. Determinants of International Vertical Specialization and

Implications on Technology Spillovers [R]. presented at the 4th EUROPAEUM Economic Workshop, 2005.

[21] JAMES, HARRINGTON W. Producer Services Research in U.S. Regional Studies [J]. Professional Geographer, 1995, 47(1):87-95.

[22] JOHN, MATTHEWS. Competitive Dynamics and Economic Learning: An Extended Resource Based View [J]. Industrial and Corporate Change, 2003, 12(1):115-145.

[23] JUDD, KENNETH L. On the Performance of Patents [J]. Econometrica, May 1985, 53(3):567-586.

[24] KALDOR, NICHOLAS. Causes Of Growth and Stagnation in the World Economy [M]. Cambridge University Press (United Kingdom), 2007.

[25] KOLKO J. Can I Get Some Service Here? Information Technology Service Industries, and the Future of Cities [M]. Harvard University Mimeo, 1999.

[26] KRUGMAN P. Scale Economies, Product Differentiation, and the Pattern of Trade [J]. American Economic Review, 1980(70):950-959.

[27] KRUGMAN P. The Narrow Moving Band, the Dutch Disease, and the Competitive Consequences of Mrs. Thatcher: Notes on Trade in the Presence of Dynamic Scale Economies [J]. Journal of Development Economics, 1987(XXVII):41-55.

[28] KRUGMAN P. A Dynamic Spatial Model [J]. NBER Working Paper, No. 4219, 1992.

[29] KRUGMAN P. Increasing Returns and Economic Geography [J]. Journal of Political Economy, 1991, 99(3):483-499.

[30] KUZNETS, SIMON. Modern Economic Growth: Findings and Reflections [J]. American Economic Review, 1973(68):829-846.

[31] KUZNETS, SIMON. Economic Growth and Income Inequality [J]. The American Economic Review, 1955, (45)1:1-28.

[32] LUCAS, ROBERT E. Jr. On the Mechanics of Economic Development [J]. Journal of Monetary Economics, 1988(22):3-42.

[33] LUCAS, ROBERT E. Jr. Life Earnings and Rural-Urban Migration [J]. Journal of political Economics, 2004(112):29-59.

[34] MELITZ, MARC J. The Impact of Trade on Intra-industry Reallocations and Aggregate Industry Productivity [J]. Econometrica, 2003(71):1695-1725.

[35] MEADOWS D H, MEADOWS D L, Randers J, et al. The Limit to Growth [J]. New American Library, 1972(1):2-11.

[36] MURPHY K, SHLEIFER A, VISHNY R. Income Distribution, Market Size and Industrialization [J]. Quarterly Journal of Economics, 1989(106): 503-530.

[37] MURPHY K, SHLEIFER A, VISHNY R. The Allocation of Talent: Implications for Growth[J]. Quarterly Journal of Economics, 1991(106): 503-30.

[38] MUSGRAVE P. Income Distribution, and the Aggregate Consumption Function[J]. Journal of Political Economy, 1980, 88(3):447-475.

[39] PERETTO P. Cost Reduction, Entry, and the Interdependence of Market Structure and Economic Growth[J]. Journal of Monetary Economics, 1999(43):173-195.

[40] PONCET S. A Fragmented China: Measure and Determinants of Chinese Domestic Market Disintegration [J]. Review of International Economics, 2005, 13(3):409 - 430.

[41] PORTER M E. The Competitive Advantage of Nations[M]. NY: the Free Press, 1990.

[42] PREBISCH R. The Economic Development of Latin America and Its Principal Problems[J]. Economic Bulletin for Latin America, 1950(2):1-22.

[43] NURKSE R. Patterns of Trade and Development[M]. Stockholm, 1959.

[44] REDDING S, VENABLES D. Economic Geography and International Inequality[J]. Journal of International Economics, 2004(62):53-82.

[45] ROMER, PAUL. Increasing Returns and Long Run Growth[J]. Journal of Political Economy, 1986(94):1002-1037.

[46] ROMER, PAUL. Endogenous Technology Change[J]. Journal of Political Economy, 1990(98):71-102.

[47] RON, ADNER, DANIEL, et al. Demand Heterogeneity and Technology Evolution: Implications for Product and Process Innovation [J]. Management Science, 2001, 47(5):611-628.

[48] ROSENSTEIN-RODAN P N. Problems of Industrialization of Eastern and South-Eastern Europe[J]. Economic Journal, 1943(53):202-211.

[49] ROSENBERG N. Science, Innovation and Economic Growth [J]. Economic Journal. 1974(3):51-77.

[50] SASSEN, SASKIA. Global Networks, Linked Cities[M]. Routledge, New York, 2002.

[51] SCHMOOKLER J. Invention and Economic Growth [M]. Cambridge: Harvard University Press, 1966.

[52] SOLOW R. Technical Change and the Aggregate Production Function[J]. Review of Economics and Statistics, 1957(39):311-320.

[53] SOLOW R. A Contribution to the Theory of Economic Growth [J]. Quarterly Journal of Economics, 1956, 70(1):65-94.

[54] SMULDER S, BRESCHGER L. Explaining Environmental Kuznets Curves: How Pollution Induces Policy and New Technologies [C]. Working Paper, Tilburg University Economics Research, 2000.

[55] TOBEY J A. The Effects of Domestic Environmental Policies on Patterns of Word Trade: An Empirical Test[J]. Kyklos, 1990(43):191-209.

[56] VEMON R. International Investment and International Trade in the Product Cycle[J]. Quarterly Journal of Economics, 1966, 80(5):190-207.

[57] WEN, MEI. Relocation and Agglomeration of Chinese Industry [J]. Journal of Development Economics, 2004(73):329-347.

[58] WINTER, YURI, KANIOVSI, et al. A Baseline Model of Industry Evolution [J]. Journal of Evolutionary Economics, Springer, 2003, 13(4):355-383.

[59] YING G E. Regional Inequality, Industry Agglomeration and Foreign Trade: The Case of China[C]. UNU-WDER Research Paper, No. 2006/105.

[60] YOUNG, ALWYN. The Razor's Edge: Distortions and Incremental Reform in the People's Republic of China[J]. Quarterly Journal of Economics, 2000, 115(4):1091-1135.

[61] ZWEMULLER J, BRUNNER J K. Innovation and Growth with Rich and Poor Consumers[J]. Metroecomomica, 2005(56):233-262.

二、中文部分

[1] 麦迪森.世界经济千年史[M].伍晓鹰,等,译.北京:北京大学出版社,2003.

[2] 安同良,周绍东,皮建才.R&D补贴对中国企业自主创新的激励效应[J].经济研究,2009(10):87-98.

[3] 俄林.地区间贸易和国际贸易[M].王继祖,等,译.北京:商务印书馆,1986.

[4] 陈平.文明分岔、经济混沌和演化经济动力学[M].北京:北京大学出版社,

2004.

[5] 陈羽,李小平,白澎.市场结构如何影响R&D投入——基于中国制造业产业面板数据的实证分析[J]. 南开经济研究,2007(1):135-145.

[6] 程必定.产业转移"区域黏性"与皖江城市带承接产业转移的战略思路[J]. 华东经济管理,2010(4):24-27.

[7] 陈秀山,许瑛.中国制造业空间结构变动及其对区域分工的影响[J]. 经济研究,2008(10):104-116.

[8] 程大中.中国增加值贸易隐含的要素流向扭曲程度分析[J]. 经济研究,2014(9):105-120.

[9] 代谦,何柞宇.国际分工的代价:垂直专业化的再分解与国际风险传导[J]. 经济研究,2015(5):20-34.

[10] 董晓宇,唐斯斯.我国地方政府发展战略性新兴产业的政策比较[J]. 科技进步与对策,2013(1):119-123.

[11] 邓聿文.发展战略性新兴产业离不开发挥政府作用[N]. 上海证券报,2010-09-21.

[12] 华生.中国改革:做对的和没做的[M]. 北京:东方出版社,2012.

[13] 华民.今天经济形势这么严峻,主要是因为政策出了问题[DB/OL]. [2014-11-24]. http://www.360doc.com/content/14/1124/13/325430_427651813.shtml.

[14] 洪银兴.从比较优势到竞争优势——兼论国际贸易的比较利益理论的缺陷[J]. 经济研究,1997(6):20-28.

[15] 洪银兴.论买方市场条件下的结构调整[J]. 中国工业经济,1997(8):10-14.

[16] 范红忠.有效需求规模假说、研发投入与国家自主创新能力[J]. 经济研究,2007(3):33-44.

[17] 范剑勇.市场一体化、地区专业化与产业集聚趋势[J]. 中国社会科学,2004(6):39-51.

[18] 冯宗宪,王青,侯晓辉.政府投入、市场化程度与中国工业企业的技术创新效率[J]. 数量经济技术经济研究,2011(4):3-16.

[19] 冯晓琦,万军.从产业组织政策到竞争政策:东亚地区政府干预方式的转型及对中国的启示[J]. 南开经济研究,2005(5):65-71.

[20] 辜胜阻.统筹解决农民工问题需要改进低价工业化和半城镇化模式[J]. 中国人口科学,2007(5):1-3.

[21] 傅家骥.技术创新学[M]. 北京:清华大学出版社,1998.

[22] 郭克莎.加入WTO后我国工业结构的变动趋势及政策研究[J]. 产业经济研究,2003(2):1-4.

[23] 鞠建东,余心玎.全球价值链上的中国角色——基于中国行业上游度和海关数据的研究[J]. 南开经济研究,2014(3):39-52.

[24] 贾根良.劳动分工、制度变迁与经济发展[J]. 天津:南开大学出版社,1999.

[25] 姜宁,黄万.政府补贴对企业 R&D 投入的影响——基于我国高技术产业的实证研究[J]. 科学学与科学技术管理,2010(7):25-31.

[26] 李嘉图.经济学及赋税之原理[M]. 郭大力、王亚南,译. 上海:上海三联书店,2008.

[27] 李善同,侯永志,刘云中,等. 中国国内地方保护问题的调查与分析[J]. 经济研究,2004(11):78-84.

[28] 林毅夫,蔡昉,李周.中国的奇迹:发展战略与经济改革(增订版)[M]. 上海:上海三联书店,1999.

[29] 林毅夫,李永军.比较优势、竞争优势与发展中国家的经济发展[J]. 管理世界,2003(7):21-28.

[30] 林毅夫.潮涌现象与发展中国家宏观经济理论的重新构建[J]. 经济研究,2007(1):126-131.

[31] 林毅夫.中国同时面临着几个严重挑战[N]. 中国证券报,2012-03-19.

[32] 刘志彪.中国贸易量增长与本土产业的升级——基于全球价值链的治理视角[J]. 学术月刊,2007(2):80-86.

[33] 刘志彪.当前我省部分战略性新兴产业发展的瓶颈与配套政策研究[J]. 决策参考,2012(10):1-8.

[34] 刘志彪.从全球价值链转向全球创新链:新常态下中国产业发展新动力[J]. 学术月刊,2015(2):5-14.

[35] 刘楠,杜跃平.政府补贴方式选择对企业研发创新的激励效应研究[J]. 科技进步与对策,2005(11):18-19.

[36] 陆铭,陈钊.分割市场的经济增长—为什么经济开放可能加剧地方保护?[J]. 经济研究,2009(3):42-52.

[37] 吕久琴,育丹丹.政府科研创新补助与企业研发投入:挤出、替代还是激励?[J]. 中国科技论坛,2011(8):21-28.

[38] 江静,刘志彪,于明超.生产者服务业发展与制造业效率提升[J]. 世界经济,2007(8):52-62.

[39] 姜宁,黄万.政府补贴对企业 R&D 投入的影响——基于我国高技术产业的实证研究[J]. 科学与科学技术管理,2010(7):25-31.

[40] 孟可强,陆铭.中国的三大都市圈:辐射范围及差异[J]. 南方经济,2011(2):3-15.

[41] 潘锦云,姜凌,丁羊林.城镇化制约了工业化升级发展吗?[J]. 经济学家,

2014(9):41-49.

[42] 钱纳里,等.工业化和经济增长的比较研究[M].吴奇,等,译.上海:上海三联书店,1995.

[43] 芮明杰,陶志刚.中国产业竞争力报告[M].上海:上海人民出版社,2004.

[44] 汤向俊,俞慧君.城镇化、服务业滞后如何限制了结构转变[J].财经科学,2013(6):99-106.

[45] UTTERBACK J M.把握创新[M].高建,译.北京:清华大学出版社,1999.

[46] 吴敬琏.中国增长模式抉择[M].上海:上海远东出版社,2006.

[47] 温家宝.关于科技工作的几个问题[J].求是,2011(14):1-3.

[48] 吴福象,周绍东.企业创新行为与产业集中度的相关性——基于中国工业企业的实证研究[J].财经问题研究,2006(12):29-33.

[49] 王春光.农村流动人口的"半城镇化"问题研究[J].社会学研究,2006(5):107-121.

[50] 库兹涅茨.各国的经济增长[M].常勋,译.北京:商务印书馆,2011.

[51] 徐冠华.战略性新兴产业面临四大问题[N].中国科学报,2012-05-28.

[52] 薛伟玲.嵌入流动的增长:空间格局、经济增长[J].宏观经济研究,2014(10):35-40.

[53] 熊彼特.经济发展理论[M].何畏,等,译.北京:商务印书馆,1990.

[54] 杨永华.民工荒、半城镇化模式和城镇化模式[J].经济学家,2010(9):71-76.

[55] 张培刚.发展经济学教程[M].北京:经济科学出版社,2001.

[56] 张小蒂,孙景蔚.基于垂直专业化分工的中国产业国际竞争力分析[J].世界经济,2006(5):12-21.

[57] 张少春.中国战略性新兴产业发展与财政政策[M].北京:经济科学出版社,2010.

[58] 张辉.全球价值链理论与我国产业发展研究[J].中国工业经济,2004(5):38-46.

[59] 赵伟.市场一体化与中国制造业区域集聚变化趋势研究[J].数量经济与技术经济研究,2009(2):18-32.

[60] 朱希伟,金祥荣,罗德明.国内市场分割与中国的出口贸易扩张[J].经济研究,2005(12):68-76.

[61] 朱传耿,顾朝林,马荣华,等.中国流动人口的影响要素与空间分布[J].地理学报,2001(9):549-560.

[62] 朱平芳,徐伟民.政府的科技激励政策对大中型工业企业R&D投入及其专利产出的影响[J].经济研究,2003(5):45-53.

［63］ 周天勇.面对未来,生活和发展方式必须改变[N].经济参考报,2010-07-23.

［64］ 周绍东.企业技术创新与政府R&D补贴:一个博弈分析[J].产业经济评论,2008(9):38-49.

［65］ 周晶.战略性新兴产业发展现状及地区分布[J].统计究,2012(9):24-30.

索引